Irene Hanappi

Prag

Gehen, Sehen & Genießen

5 Routen durch die Hauptstadt der
Tschechischen Republik
Geschichte, Kultur, Sightseeing,
Essen und Trinken

Fotos: Yasmin Sowa

Falter Verlag

Die Autorin:
Irene Hanappi studierte Slawistik und Romanistik in Wien und Paris und begann 1979 ihre journalistische Laufbahn als Mitarbeiterin des *Le Monde*-Büros in Wien. Während der Perestroika schrieb sie zahlreiche Reiseessays und Reportagen und war für die *Süddeutsche Zeitung/ Magazin*, die *Weltwoche*, den *Tages-Anzeiger/Magazin*, den *Standard* und das *profil* regelmäßig in der ehemaligen Sowjetunion unterwegs.
Seit 1998 arbeitet sie als freiberufliche Journalistin, Redakteurin und Buchautorin in Wien. Enge Zusammenarbeit mit *Der Feinschmecker*, *Die Presse*, *morgen*, dem Falter Verlag und Styria Multi Media.
In den letzten Jahren starke Konzentration auf die Themengebiete Mittel- und Südosteuropa. In der Reihe Falters CITY*walks* erschienen von ihr die Reiseführer „Bratislava", „Brünn" und „Linz".

Lektorat: Helmut Gutbrunner
Fotos: Die Fotos stammen größtenteils von Yasmin Sowa; außer Foto S. 84: ÖNB/Wien (#8077571, #10003390, #1556634); S. 25 oben, 33 oben: Nathalie Großschädl; S. 34 oben, 35, 40 oben, 43 unten, 57, 72 unten, 73 oben, 74 oben, 104, 111 unten: Irene Hanappi; S. 44, 70 oben, 86 unten, 92 oben, 96, 103 oben, 105 oben, 108: Terezija M. Popp
Karten: SHOCART
Grafik und Layout: Marion Großschädl
Satz: Barbara Blaha, Reinhard Hackl
Produktion: Susanne Schwameis
Printed in EU

ISBN 978-3-85439-469-3

1011 Wien, Marc-Aurel-Straße 9
Tel. +43/1/536 60-0, Fax +43/1/536 60-935
E-Mail/Verlag: bv@falter.at, E-Mail/Bestellungen: service@falter.at
Web: faltershop.at

Dieses Buch erhebt keinen Anspruch auf Vollständigkeit. Obwohl wir versucht haben, so gründlich wie möglich zu sein, können wir Fehler oder Änderungen bei Öffnungszeiten und Kontakten, die sich seit Erscheinen ergeben haben, nicht ganz ausschließen. Bitte haben Sie dafür Verständnis, dass wir keine inhaltliche Haftung übernehmen.

LEGENDE

- = Kaffeehäuser
- = Restaurants, Gasthäuser
- = Kultur
- = Literatur
- = Hotel
- = Shopping

Inhalt

Prag – Stadt der vielen Namen

Von den inoffiziellen Beinamen, mit denen Prag jemals bedacht wurde – „die goldene Stadt", „die Mutter aller Städte", „die Stadt der hundert Türme" –, ist „Prag – die ewige Stadt" wohl der treffendste. Prag altert scheinbar nicht, das Stadtzentrum – seit 1992 Unesco-Weltkulturerbe – ist perfekt restauriert und bildet ein einheitliches Ensemble. Kein Skandalbau, der sich frech ins Bild schieben würde ... Epochale Architektur und Architektur aus allen Epochen gehen eine eindrucksvolle Symbiose ein.

Prag anno 2012 gleicht einem großen Themenpark, einem Disneyland. Nur ist hier alles original, nichts aus Papiermaché, was vor allem Gäste aus Übersee verblüfft. Das Angebot an Erkundungstouren kennt kaum Grenzen: Prag per Oldtimer … Prag mit dem Doppeldeckerbus … Prag per E-Bike … Prag per Tretboot … Prag unterirdisch … Prag im Heißluftballon. Neuerdings kann der Prag-Tourist sogar über der Stadt schwebend bei Tisch sitzen. Hat er getafelt und getrunken, senkt sich der eiserne Arm mit der Restaurant-Plattform und bringt ihn sicher auf den Boden zurück.

Unter den „Themenpark"-Besuchern gelten stillschweigende Abkommen: Eine Selbstverständlichkeit ist es, abrupt abzubremsen, keinesfalls ins Bild zu laufen, wenn gerade ein Erinnerungsfoto entsteht, oder auf die Bitte „Could you please …?" die mit ausgestreckter Hand gereichte Kamera zu ergreifen, scharfzustellen und abzudrücken.

Man hilft einander auch mit Tipps – die besten Adressen für Duck & Dumplings, die interessantesten Museen, die stimmungsvollsten Konzerte …

Die Fülle an Sehenswertem ist in Prag schier unerschöpflich. Doch Vorsicht! Die Checkliste der Must-Sees kann zum goldenen Käfig im Kopf werden.

Auch wenn man noch so ehrgeizige Pläne für die Dauer seines Aufenthalts hegt, man erliegt doch immer wieder der Faszination des Schauens. Den Blick einfach wandern zu lassen wird zum Programm. Ob mit zwanzig oder sechzig – der eindrucksvolle szenische Cocktail wirkt in jedem Alter und in jeder Lebensphase.

◀ Kunstinstallation vor dem Kampa Museum

Und was die eingangs erwähnten Attribute betrifft: Prag funkelt wirklich bei Sonnenlicht, und das Gold der Dächer, Türme und Fassaden ist echt. „Mutter aller Städte" ist insofern auch richtig, als Prag uns die Urform urbaner Siedlungen vor Augen führt. In der Ebene der Fluss, darüber der Hügel – oder die Hügel, in Prag sind es neun! –, darauf als Krönung die Burg, ihr zu Füßen die Häuser der Händler, Handwerker und Bediensteten. Manche sagen, ein Grund für die Anmut Prags sei eben diese Verständlichkeit, dieses klare Profil, das sich jedem gleich auf den ersten Blick erschließt. Auch die hundert Türme sind übrigens belegt ... Rechnete man die Türmchen der Bürgerhäuser, die Kuppeln und Kirchturmspitzen hinzu, wäre die Zahl noch um ein Vielfaches höher, hätte Prag sogar das Anrecht, sich die „Tausendtürmige" zu nennen. Türme bedeuten zugleich auch Klang: Wenn ihre Glocken um punkt zwölf Uhr alle unisono erklingen, ergibt das eine wunderbare Musik – die emotionale Orchestrierung eines jeden Aufenthalts.
Auch die Moldau macht Musik. Von den Wassermassen umspült, bringen die Eisbrecher die Fluten zum Klingen wie die Saiten eines Musikinstruments. „Prag – die Stadt der Musik" stimmt also nicht nur wegen der Allgegenwart von Mozarts, Dvořáks und Smetanas Werken in den Kirchen und Konzertsälen.
Der Moldau und ihren zahlreichen Inseln verdankt Prag den Beinamen „Venedig des Ostens", was nicht ganz stimmt. Prag liegt nämlich ziemlich genau in der Mitte Europas. Zur Nordsee wie zur Adria sind es etwas mehr als 700 Kilometer. Auch haben sich die Tschechen seit jeher als Mitteleuropäer verstanden und tun dies seit dem EU-Beitritt 2004 umso mehr.
Mit dem geografischen oder geopolitischen Begriff „Osten" wollen sie nichts zu tun haben. Nicht umsonst hat Prag sich 1968 gegen die Invasion der Truppen des Warschauer Pakts gewehrt. Nicht umsonst setzte die Samtene Revolution hier 1989 einen Schlusspunkt unter vierzig Jahre Gewaltherrschaft. „Prag – die Heroische" oder „Prag – die Hüterin des Wissens" wären Beinamen, die ihr ebenso gut zu Gesicht stünden. Schließlich wurde die erste Universität Mitteleuropas hier gegründet. Doch ihre Größe stellt Prag nicht gern zur Schau. Die Siegerpose liegt ihr nicht. Triumphbögen, überdimensionale Denkmäler, in Stein gemeißelte Manifeste sucht man verge-

bens. Da ist Prag sehr demokratisch. Die Wände gehören seit jeher dem „Volk", hier finden sich an allen Ecken und Enden Botschaften an „die da oben". Eine Form, sich Luft zu machen, ganz im Stile des braven Soldaten Švejk, der mit gerissener Unschuld die Autorität des habsburgischen Militärs infrage stellte. Statt monumentaler Plastiken von Helden und Siegern zelebriert die Stadt den schrägen Humor eines David Černý. Der gefeierte Avantgardekünstler versteht es wie kein anderer, mit feiner Nadel dem Pompösen, Aufgeblähten die Luft zu nehmen.
Er lässt den heiligen Wenzel auf einem kopfüber hängenden Pferd reiten, verpasst dem Trabi, dem Auto der DDR-Bürger, mit dem sie schließlich die Flucht ergriffen, menschliche Beine oder nimmt mit seiner 2009 vor dem EU-Ratsgebäude in Brüssel aufgestellten Skulptur „Entropa" Vorurteile über die 27 Mitgliedsstaaten aufs Korn.
Dass ein Volk ohne Meeresküste sich mit dem seemännischen „Ahoj" begrüßt, hat auch etwas Komisches. Dass die Prager an ihrem Gruß festhalten, trotz der vielen „Hallos", „Tschüss" und „Ciaos" in den Straßen ihrer Stadt, zeugt von Charakter. Dass in letzter Zeit immer öfter die Variante „Ciao ahoj!" zu hören ist, weist sie als echte Europäer aus.
Dieser Band der Reihe „Falters CITY*walks*" nimmt Sie an der Hand und begleitet Sie auf fünf thematisch unterschiedlichen Routen durch diese einzigartige Stadt – und ermuntert Sie schließlich zu eigenen Entdeckungstouren.

Zeittafel

Um 600	Slawen wandern nach Böhmen ein und lassen sich am linken Moldauufer nieder.
Um 880	Auf dem Hradschin wird die Prager Burg vom getauften Přemysliden Prinz Bořvoj errichtet. Prag wird gegründet.
921	Wenzel I. regiert in Prag nur kurze Zeit, bis 929 oder 935, doch wird er bald als Heiliger verehrt und zum böhmischen Landespatron erhoben.
935	Sein Nachfolger Boleslav I. († 972) gründet den böhmischen Zentralstaat.
Vor 950	Errichtung der Burg Vyšerad auf der anderen Moldauseite.
1070	Herzog Vratislav II. verlegt seine Residenz auf den Vyšerad und wird 1086–1092 erster König von Böhmen.
1172	Die erste Steinbrücke über die Moldau, die Judithbrücke, wird erbaut.
1231	König Wenzel I. (1230–1253) lässt die Altstadt (Staré město) befestigen und erteilt ihr das Stadtrecht. Prag wird zur königlichen Residenzstadt.
1257	Gründung der Unterstadt, die heutige Kleinseite (Malá Strana).
Vor 1320	Das Prager Schlossgebiet – heute Hradschin – wird angelegt.
1338	Das alte Rathaus wird errichtet.
1344	Die seit 973 bestehende Prager Diözese wird zum Erzbistum erhoben.
1346	Karl IV. wird zum römisch-deutschen König gewählt, während seiner Regierungszeit (1346–1378) entfaltet sich Prag zur wohlhabenden Kulturhauptstadt Mitteleuropas.
1348	Karl IV. gründet die erste mitteleuropäische Universität. Und er lässt die Prager Neustadt (Nove město) anlegen.
1355	Prag wird zur Hauptstadt des Heiligen Römischen Reiches.
1357	Der Bau der heutigen Karlsbrücke mit dem Altstädter Brückenturm beginnt.

1360–1367	Erweiterung der Neustadt, Neubau vieler Gebäude in der Altstadt.
1378	Karl IV. stirbt. Prag hat nun etwa 80.000 Einwohner und ist ihrer Fläche nach die drittgrößte Stadt Europas – nach Rom und Konstantinopel.
1400	Mit der Enthebung Wenzels IV. (1363–1400) hört Prag auf, Residenzstadt zu sein.
1419	Mit dem Prager Fenstersturz beginnen die Hussitenkriege. Prag wird zu einem großen Teil zerstört, die Prager Burg verfällt.
1422	Der radikale Hussitenführer Jan Želivský wird am Altstädter Ring hingerichtet.
1526	Beginn der Habsburger-Herrschaft über Böhmen, Regierungssitz ist nun Wien.
1546	König Ferdinand I. schlägt den böhmischen Ständeaufstand nieder und zieht 1547 in Prag ein.
1575	Kaiser Rudolf II. (1576–1611) wird zum tschechischen König gekrönt, die Prager Burg im Renaissancestil restauriert.
1583	Prag ist erneut Kaiserresidenz und Zentrum von Wissenschaft und Alchemie in Mitteleuropa.
1618	Der zweite Prager Fenstersturz wird zum Auslöser des Dreißigjährigen Kriegs.
1620	In der Schlacht auf dem Weißen Berg siegen die katholischen Habsburger über die protestantischen Stände und bestimmen 200 Jahre lang die kulturelle Entwicklung – das Prager Barock.
1757	Schlacht von Prag im Siebenjährigen Krieg zwischen Preußen und Österreich.
1784	Die vier Prager Städte werden von Joseph II., 1780–1790 König von Böhmen, vereinigt.
1848	Niederschlagung des Prager Pfingstaufstands durch die österreichischen Truppen.
1868	Die Eröffnung des tschechischen Nationaltheaters inspiriert eine ganze Generation von Komponisten und gestaltenden Künstlern.
1882	Die Prager Universität wird von Kaiser Franz Joseph, 1848–1916 König von Böhmen, in eine tschechische und eine deutsche Universität geteilt – Symbol für die wachsenden ethnischen Konflikte.

1918	Österreich-Ungarn zerfällt und die Prager Burg wird Regierungssitz des ersten tschechoslowakischen Präsidenten Tomáš Garrigue Masaryk.
1920	Durch die Eingemeindung vieler Vororte wird Prag vergrößert.
1938	Prag wird zum Zentrum der Emigration aus Deutschland und Österreich.
1939	Prag wird besetzt, die Nationalsozialisten führen das „Protektorat Böhmen und Mähren" mit der Hauptstadt Prag ein. Juden und Regimegegner werden deportiert.
1945	Im Mai Prager Aufstand und Befreiung durch die Rote Armee. Eine große Anzahl von Deutschen wird zur Flucht gezwungen. Zehntausende kommen dabei ums Leben.
1948	Die bereits seit 1946 latent dominierende Kommunistische Partei ergreift im Februar die Macht. Die Tschechoslowakei wird zum Satellitenstaat der UdSSR.
1962	Sprengung des Stalin-Denkmals. Alexander Dubček versucht, dem Sozialismus ein „menschliches Antlitz" zu verleihen.
1968	Der Prager Frühling und der friedliche Umsturzversuch werden durch die Intervention der Warschauer-Pakt-Staaten niedergeschlagen.
1969	Jan Palachs Selbstverbrennung auf dem Wenzelsplatz wird zum symbolischen Protest gegen die sowjetische Besatzung.
1989	Samtene Revolution, im November Sturz des sozialistischen Regimes. Die Tschechoslowakei wird eine Demokratie.
1990	Der Dissident Václav Havel wird zum Präsidenten der Tschechoslowakei gewählt.
1993	Die Tschechoslowakei spaltet sich im Januar in zwei unabhängige Staaten, Prag wird Hauptstadt der Tschechischen Republik, Havel regiert bis 2003 vom Hradschin aus.
1999	Die Tschechische Republik tritt der Nato bei.
2004	Seit 1. Mai ist die Tschechische Republik Mitglied der Europäischen Union.

Die Teynkirche auf dem Altstädter Ring ▶

ALFONS
RISTORANTE
CAFFE ITALIA
RESTAURANT CAFÉ

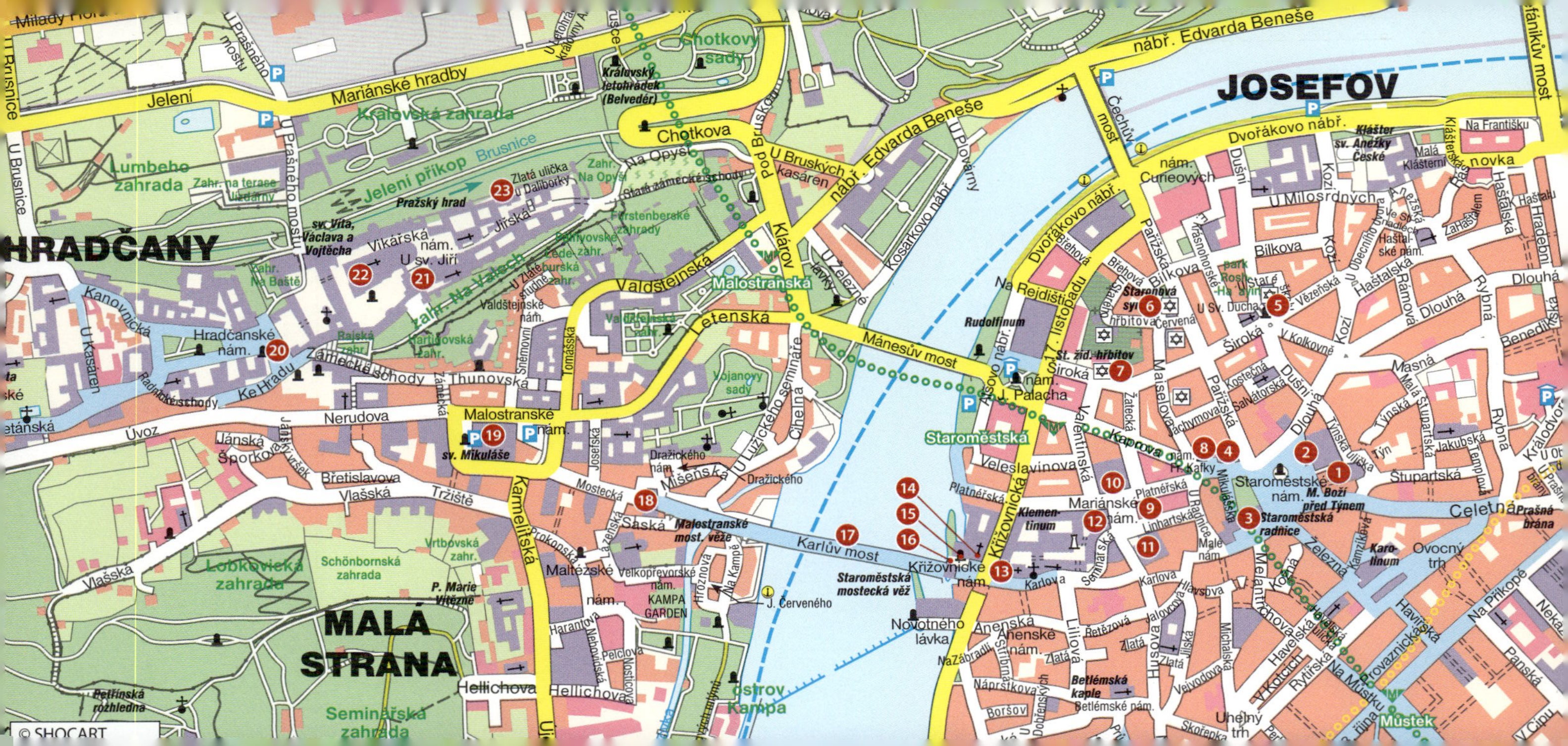
HRADČANY
JOSEFOV
MALÁ STRANA
Pražský hrad
Královská zahrada
Jelení příkop
Brusnice
Mariánské hradby
Jelení
U Prašného mostu
Lumbeho zahrada
Královský letohrádek (Belvedér)
Chotkovy sady
Chotkova
Klárov
Valdštejnská
Letenská
Malostranská
Mánesův most
nábř. Edvarda Beneše
Čechův most
Dvořákovo nábř.
Kosárkovo nábř.
U Plovárny
Rudolfinum
nám. J. Palacha
Staroměstská
Křižovnická
Karlův most
Staroměstská mostecká věž
Malostranské most. věže
Křižovnické nám.
Novotného lávka
Klementinum
Mariánské nám.
Staroměstské nám.
Staroměstská radnice
M. Boží před Týnem
Celetná
Prašná brána
Karolinum
Ovocný trh
Můstek
Na Příkopě
Betlémská kaple
Betlémské nám.
Malostranské nám.
sv. Mikuláše
Nerudova
Thunovská
Zámecké schody
Hradčanské nám.
Kanovnická
U Kasáren
Úvoz
Vlašská
Tržiště
Karmelitská
Mostecká
Maltézské nám.
Kampa
ostrov Kampa
Vojanovy sady
Valdštejnská zahr.
Vrtbovská zahr.
Schönbornská zahrada
Lobkovická zahrada
Seminářská zahrada
Petřínská rozhledna
P. Marie Vítězné
Vikářská
nám. U sv. Jiří
Jiřská
Zlatá ulička u Daliborky
sv. Víta, Václava a Vojtěcha
Staronová syn.
St. žid. hřbitov
Klášter sv. Anežky České
Pařížská
Maiselova
Široká
Dlouhá
Rybná
Haštalská
Kaprova
Valentinská
Veleslavínova
Karlova
Husova
Liliová
Anenská
Melantrichova
Železná
Havířská
Na Můstku
Rytířská
Uhelný trh
© SHOCART

ROUTE 1

Prag klassisch

Ausgangspunkt: Altstädter Ring (Staroměstské náměstí)
Endpunkt: Prager Burg (Hradschin)
Die Route: Altstädter Ring (❶ Teynkirche, ❷ Palais Golz-Kinský, ❸ Altstädter Rathaus, ❹ Nikolauskirche/Altstadt) – Abstecher Týnská – Pařížská – U Staré školy (❺ Jüdisches Museum) – Červená (❻ Altneusynagoge/Staronová synagóga) – Široká (❼ Alter jüdischer Friedhof/Starý židovský hřbitov) – Maiselova – Franz-Kafka-Platz/nám. Franze Kafky (❽ Kafka-Geburtshaus) – Platnéřská – Marienplatz/Mariánské náměstí (❾ Neues Rathaus, ❿Stadtbibliothek) – Abstecher Valentinská – Husova (⓫ Palais Clam-Gallas) – Marienplatz/Mariánské náměstí (⓬ Klementinum) – Křižovnické náměstí (⓭ Sankt Salvator, ⓮ Sankt Franziskus, ⓯ Denkmal Karls IV.) – ⓰ Altstädter Brückenturm/Staroměstská mostecká věž – ⓱ Karlsbrücke/Karlův most – ⓲ Kleinseitner Brückenturm/Malostranská mostecká věž – Mostecká – Kleinseitner Ring/Malostranské náměstí (⓳ Nikolauskirche/Kleinseite) – Zámecká – Neue Schlossstiege/Zámecké schody – Hradschiner Platz/Hradčanské náměstí – ⓴ Burg/Hrad – 1. Burghof – 2. Burghof („Rudolfsgalerie") – 3. Burghof (㉑ Alter Königspalast mit Vladislavsaal, ㉒ Veitsdom) – náměstí U Sv. Jiří – Jiřská – ㉓ „Goldenes Gässchen"/Zlatá ulička – Jiřská – náměstí U Sv. Jiří – 3. Burghof – 2. Burghof – An der Pulverbrücke/U Prašného mostu – Hirschgraben/Jelení příkop – Loretánské náměstí

Unbedingt hingehen:
- ✶ Teynkirche
- ✶ Astronomische Uhr
- ✶ Alter jüdischer Friedhof
- ✶ Karlsbrücke
- ✶ Burg

Die Tour widmet sich dem Mythos „Prag", dem goldenen Zeitalter, dem Prag der Türme und Türmchen, der Stadt des Golem und der Alchemisten. Sie spannt den Bogen vom jüdischen Viertel bis zum Hradschin, vom Mittelalter bis zur Jetztzeit und ermöglicht Begegnungen mit historischen Gestalten, um die sich schon zu Lebzeiten Sagen und Legenden rankten.
Die Route folgt – streckenweise – dem Königsweg, der heute

Der Altstädter Ring, seit jeher Schauplatz der Geschichte

nichts Majestätisches mehr an sich hat, sondern von Souvenirläden gesäumt wird und sich mit jenem Trampelpfad deckt, den jeder Prag-Besucher abschreitet. Einst führte er vom Königspalast, der sich bis Ende des 15. Jh.s in unmittelbarer Nähe des Altstädter Rings, am heutigen náměstí Republiky (▶ S. 87), befand, zur Residenz auf dem Burgberg (Hradschin).
Weil sich das alte, das geheimnisvolle, sagenumwobene Prag am besten in gedämpften Grautönen malen lässt, brechen wir in den Morgenstunden auf, idealerweise in der Dämmerung, um punkt 9 Uhr, wenn die Ticketschalter für die Burgbesichtigung aufsperren, am Hradschin zu sein.

Ausgangspunkt ist der Altstädter Ring, eigentlich ein quadratischer Platz, der sich tagsüber wie ein Rummelplatz präsentiert: Würstelbuden, Menschenmassen, das Geraune und Geschiebe der Menge … Letztendlich entspricht das dem, was der Platz im Mittelalter darstellte, als Händler aus allen Teilen des Landes hier ihre Waren feilboten, als am Pranger Verbrecher schmachteten und von den Schaulustigen begafft wurden. Das Bier aus Plastikbechern passt nicht so recht ins Bild, aber sonst hat sich – zumindest atmosphärisch – nicht allzu viel verändert.
Zur Orientierung: Im Osten befindet sich die **❶ Teynkirche (Di–Sa 10–13 und 15–17, So 10.30–12 Uhr)**, sie war – abgesehen von den fünf Synagogen – lange Zeit der einzige Sakralbau der Altstadt. Im Inneren der Kirche steht der Sarkophag des Tycho de Brahe, die Grabplatte zeigt den großen Astronomen in Lebensgröße. Er starb 1601 nach einem ausgiebigen Festmahl unter merkwürdigen Umständen. Wurde er vergiftet, wie man munkelte? Hauptverdächtiger ist sein ehemaliger Schü-

ler und späterer Nachfolger, der ehrgeizige Johannes Kepler. Als Auftraggeber der beiden begegnet uns zum ersten Mal der Name „Rudolf". Der junge Habsburger folgte 24-jährig seinem Vater als König und Kaiser des Heiligen Römischen Reiches Deutscher Nation auf den Thron. Das war 1576. Vier Jahrzehnte später wird er von seinem Bruder Matthias abgesetzt. Das Thema „Bruderzwist im Hause Habsburg" hat Franz Grillparzer aufgegriffen. Der grantelnde Hofrat aus Wien nahm sich immer wieder der böhmischen Geschichte an und schöpfte daraus den Stoff für so manches seiner Bühnenstücke. „König Ottokars Glück und Ende" spielt in einer ganz anderen Zeit – im 12. Jh. – und inszeniert für die Nachwelt den Untergang der Přemysliden-Dynastie. In „Libussa" greift Grillparzer den Mythos von der Stadtgründung Prags auf und bringt ihn als historisch-romantisches Drama auf die deutschsprachigen Bühnen, wo er bis heute seinen fixen Platz hat. Rudolf, Ottokar, Libussa, Karl und natürlich Wenzel sind Namen, die wir uns merken sollten. Wir werden ihnen noch öfters begegnen. Doch sehen wir uns zunächst auf dem Altstädter Ring genauer um.

Marienstatue an der gotischen Teynkirche

Ebenfalls im Osten, neben der Teynkirche, ist das „Haus zur steinernen Glocke" (▶ S. 51) und daran anschließend das **❷ Palais Golz-Kinský** (Staroměstské nám. 12). Hier befand sich die Galanteriewarenhandlung von Franz Kafkas Vater, im gleichen Gebäude war das Gymnasium untergebracht, das Kafka von 1893 bis 1901 besuchte. Über Prag schreibt er: „Mütterchen, du hast Krallen. Da muss man sich fügen oder an zwei Stellen es anzünden – am Vyšehrad und am Hradschin – dann erst wäre es möglich, dass wir loskommen." Kafka spielt hier auf jene Orte an, die jedem Prager heilig sind. Der Vyšehrad (dt. Hochburg), steil über dem rechten Moldauufer im Süden der Stadt aufragend, war im 10. Jh. Sitz der Přemysliden. Ihre Burg wurde später zur Festung ausgebaut, innerhalb deren Mauern sich die St.-Peter-und-Paul-Kirche befindet sowie ein Friedhof, auf dem zahlreiche Künstler, Wissenschaftler und Politiker begraben sind (▶ Infoteil, S. 132).

Aus der Figurengruppe im Zentrum des Altstädter Rings ragt Jan Hus hervor, der Kirchenreformator, der seine Überzeugungen und seine Standfestigkeit mit dem Märtyrertod hat büßen müssen. Seine moralische Stärke macht ihn bis heute zum Helden des tschechischen Volkes. Das Denkmal schuf Ladislav Šaloun, es wurde 1915, anlässlich des 500. Todestages von Hus, aufgestellt.

Wenden wir uns Richtung Süden, sehen wir eine Reihe schön restaurierter, pastellfarbener Häuser aus Renaissance und Barock. Für diese wie für die meisten Häuser der Altstadt gilt: Wir brauchen unsere Fantasie nicht allzu sehr zu bemühen, die Fassaden sprechen für sich. Die meisten tragen ein Erkennungszeichen: das Einhorn, den Storch oder den Stern. Diese Symbole fungierten als Hausnummern und halfen den Bürgern, von denen die Wenigsten lesen und schreiben konnten, sich zurechtzufinden. Zur Bildsprache in den Gassen der Altstadt gehört auch der Sgraffito-Dekor an den dem Betrachter zugewandten Häuserfronten. Oft stellen sie Szenen aus dem Berufsleben der Bewohner dar, oder es werden gute Wünsche und Segnungen ausgesprochen. Nicht zuletzt sind es auch die Gesichter und Gebärden der Skulpturen, die von den Menschen vergangener Zeiten künden. Es waren ja Mädchen oder junge Männer aus Fleisch und Blut, Zeitgenossen der Bildhauer, die für Engel, Madonnen und Heiligenfiguren Modell gestanden haben. Die Vergangenheit lebt. Und gerade in der Dämmerung, wenn die Touristen noch in ihren Betten schlummern, zeigen die Unsterblichen unter Prags Bewohnern ihr Gesicht, bekommt der Platz seine Würde zurück.

Storch-Haus an der Südseite des Altstädter Rings

Tipp: Alles, was in den Prager Haushalten seit Jahrzehnten einen Ehrenplatz im Küchenkastl oder der Kredenz hatte, immer liebevoll abgestaubt wurde, plötzlich aber nicht mehr in die Zeit passte und rausmusste, landete bei ▶ Bric a Brac (Týnská 7, Tel. +420/222 326 484), einem versteckten Trödlerladen hinter der Teynkirche: Kaffeehäferl, Gläser, Ansichtskarten, verschnör-

Die astronomische Uhr am Rathaus: seit 500 Jahren in Betrieb

kelte Bilderrahmen, Schreibmaschinen, Blechspielzeug, Silberbesteck und vieles mehr.

Im Westen liegt das ❸ **Altstädter Rathaus** (Staroměstské nám. 1), ein ursprünglich gotischer Bau, der bis ins 20. Jh. ständig verändert wurde. Im „Saal der Architekten" (4. Stock, Mo 11–18, Di–So 9–18 Uhr) finden temporäre Ausstellungen statt – eine perfekte Gelegenheit, um aus den Dachluken das Panorama zu betrachten. Man sieht u. a. die Dachterrasse des ► Hotels U Prince (Staroměstské nám. 29, Tel. +420/737 261 842, www.hoteluprince.com) – ein Ort, den wir uns vormerken wollen, um einmal am Spätnachmittag, wenn die Sonne untergeht, hierherzukommen.

Im Erdgeschoß des Rathauses befinden sich die Tourismus-Infostelle sowie ein Saal für Ausstellungen. Von hier gelangt man auch zum Lift bzw. zu den Stufen, die zum 69,5 Meter hohen Turm hinaufführen.

Markantes Element an der Fassade des Rathauses ist die astronomische Uhr, von den Pragern „Orloj" genannt, was auf das lateinische *horologium* zurückgeht. Meister Hanuš hat sie

Altstädter Rathaus

Kronenförmiger Luster in der Nikolauskirche

1490 konstruiert, ein kompliziertes Räderwerk hält sie bis heute in Gang. Sie zeigt nicht nur die Zeit, sondern auch Tag, Monat und Jahr, die Planetenkonstellation, die Fixsterne, die Tag- und Nachtgleiche, den längsten und den kürzesten Tag, die Feste des Jahres sowie den Lauf der Sonne und des Mondes.

Zu jeder vollen Stunde (9–21 Uhr) erscheinen in den kleinen Fenstern oberhalb des Ziffernblattes hölzerne Figuren. Den Anfang macht der Tod, der als menschliches Gerippe auftritt und das Sterbeglöckchen läutet. Dann folgen die zwölf Apostel. Kopfnickend ziehen sie vorüber. Zuletzt kräht in der Nische ein Hahn und die volle Stunde wird geschlagen. Sechzig Minuten später wiederholt sich das Ganze, und das seit 500 Jahren …

Wir wenden uns nun der Nordseite des Platzes zu, genauer gesagt der monumentalen weißen Barockfassade der ❹ **Nikolauskirche** (**Kostel svatého Mikuláše, Staroměstské nám.**), errichtet zwischen 1732 und 1735 von Kilian Ignaz Dientzenhofer. Sie gehörte zum Benediktinerkloster, das später säkularisiert wurde, deshalb ist der Innenraum nur spärlich geschmückt.

Dahinter, dort, wo heute die elegante Pařížská verläuft, gesäumt von den Flagstores großer Luxusmarken, erstreckte sich einst das Ghetto. Anfang des 18. Jh.s zählte es etwa 12.000 Einwohner. Mit dem Toleranzpatent Josephs II. lockerten sich ab 1781 die strengen Vorschriften; die Juden siedelten sich auch in anderen Stadtteilen an, das Viertel erhielt dem Kaiser zu Ehren den Namen Josefov. Zwischen 1893 und 1912 wurde es bis auf einige wenige Gebäude abgerissen. Die sanitären Verhältnisse waren untragbar geworden. Die Faszination, die das Dunkle, Gespenstische, Makabre auslöste, blieb bestehen und setzte sich in der Literatur fest. Der Prager Schriftsteller Paul Leppin schreibt: „Ein schiefes, düsteres Gewinkel, aus dem kein Wetter den Geruch nach Moder und feuchtem Gemäuer wegzublasen vermochte." Und Leo Perutz: „Lichtlose Durchlässe, düstere Höfe. Mauerlücken und höhlenartige Gewölbe, in denen Trödler ihre Waren freihielten (...) in jedem Winkel, an jeder Ecke eine Spelunke, in der sich die Prager Unterwelt zusammenfand."

Ihre Blütezeit erlebte die Prager Judenstadt in der Regierungszeit Rudolfs II. (1576–1611). Der feinsinnige Monarch war nicht nur den Wissenschaften zugetan, er liebte auch die Kunst und brauchte für seine Gemäldesammlung Unsummen von Geld. Mordechai Maisel, damals Oberhaupt der jüdischen Gemeinde und sagenhaft reich, wurde sein Hofbankier. Doch nicht nur das Geld verband die beiden. Die Legende erzählt, dass Esther, Mordechais schöne Frau, des Kaisers Geliebte war. Sie starb an der Pest. Mordechai Maisel fand keinen Trost, sein vieles Geld setzte er fortan ein, um das Gemeinwohl zu fördern. Er ließ Talmudschulen, Synagogen, Bäder und das Rathaus im jüdischen Viertel errichten und alle öffentlichen Plätze neu pflastern.

Monument des Barock: Altstädter Nikolauskirche

Was von der alten Judenstadt heute noch erhalten geblieben ist – die Synagogen, der Friedhof, das Gebäude der Bestattungsgesellschaft und das Rathaus aus dem 16. Jh. –, bildet zusammen das ❺ **Jüdische Museum** (**U Staré školy 1, Tel. +420/222 749 211, www.jewishmuseum.cz, So–Do 9–16.30, im Sommer 9–18, Fr 9–17 Uhr, an jüdischen Feiertagen geschlossen**) und kann mit einem Sammelticket besichtigt werden. Für die Jerusalemsynagoge, die in einem anderen Stadtteil, nämlich in Nové Město, der Neustadt, liegt, gelten andere Bestimmungen (► S. 91). Wer sich mit dem jüdischen Prag näher auseinandersetzen will, sollte sich einen halben, wenn nicht einen ganzen Tag dafür Zeit nehmen. Es lohnt in jedem Fall, eine Führung mitzumachen, die Mitarbeiter des Museums sind sehr professionell und engagiert. Im Rahmen dieser Tour seien nur die

Die Altneusynagoge

wichtigsten Schauplätze und Personen genannt. An erster Stelle die ❻ **Altneusynagoge** (Staronová synagóga, Červená 2). Sie ist die Einzige dieser Art, die heute noch als Gotteshaus dient. Wochentags gehört sie den Touristen, am Samstag den Gläubigen. Sie ist wohl auch die Einzige, die noch eine Originalausstattung vorweisen kann. U. a. ist der Stuhl des berühmten Rabbi Löw (1520–1609) zu sehen, des strengen Gelehrten, dem Zauberkräfte zugeschrieben wurden, der den Golem erschaffen hat, um die Judenstadt vor Pogromen zu schützen. Begleitet von zwei Männern ging er zur Moldau hinunter, nahm sich vom Flussufer einen Klumpen Lehm und formte daraus eine Figur. Er sprach eine Reihe von Zahlen laut vor sich hin, und der Golem erfüllte sich mit Leben.

Eine erste Version der Legende wurde Mitte des 19. Jh.s publiziert, doch zum Mythos vom fantastischen, gespenstischen Prag hat vor allem Gustav Meyrinks 1915 erschienenes Buch „Der Golem" beigetragen. Es traf den Nerv der Zeit. Das Prag des Fin de Siècle hatte tatsächlich ein Faible für Okkultes. Kronprinz Rudolf mokiert sich in einem Brief über die spiritistischen Seancen in der Elisabethstraße, und auch Franz Werfel gibt im „Abituriententag" eine sehr lebhafte Beschreibung davon.

Der Alte jüdische Friedhof mitten in der Prager Altstadt

Der ❼ **Alte jüdische Friedhof** (Starý židovský hřbitov, Široká 3, www.jewishmuseum.cz) liegt in einer Seitengasse der Pařížská. Ihn zu besuchen ist, als würde man ein jahrhundertealtes Buch aufschlagen und versuchen, die Schrift zu entziffern. Rund 12.000 Grabsteine stehen dicht an dicht, manche mit Symbolen versehen, die Aufschluss über das Leben des Verstorbenen geben. Eine Schere weist auf den Beruf des Schneiders hin, ein Hirsch steht für den Familiennamen Zvi, Trauben symbolisieren Glück oder Reichtum. Davidstern und Gans verraten, dass hier der Astronom David Gans (1541–1613) begraben liegt. Wer den Friedhof besucht, hinterlässt auf dem Grab einen Stein – das hat sich so eingebürgert, in Anlehnung an die Klagemauer in Jerusalem. Unter dem Stein wird ein Zettel deponiert. Darauf steht ein Wunsch, und der soll in Erfüllung gehen.

Das Grab von Rabbi Löw

Unter den tausenden verwitterten Steinplatten sticht Rabbi Löws letzte Ruhestätte hervor. Sie stellt einen Sarkophag im Stil der Spätrenaissance dar. Auch Mordechai Maisels Grab fällt auf. Es weist ihn als bedeutenden Mann aus, alle seine Taten sind wie auf steinernen Buchseiten vermerkt.

Durch die nach Mordechai Maisel benannte Maiselova gelangen wir zum náměstí Franze Kafky, dem Franz-Kafka-Platz (im Jahr 2000 so benannt). An der Stelle des 1897 niedergebrannten ❽ **Geburtshauses Franz Kafkas** wurde 1902 ein Neubau errichtet, vom ursprünglichen Bau blieb nur das Tor. Die Platnéřská führt uns weiter zum Marienplatz (Mariánské náměstí). An der südwestlichen Gebäudekante des 1912 erbauten ❾ **Neuen Rathauses** (Mariánské nám. 2) begegnen wir erneut Rabbi Löw in einer Darstellung des berühmten Jugendstilbildhauers Ladislav Šaloun.

Das strenge, funktionalistische Gebäude auf dem Marienplatz beherbergt die ❿ **Stadtbibliothek** (Městská knihovna v Praze, Mariánské nám. 1, Tel. +420/222 113 555, www.mlp.cz, Mo–Sa 9–20, So 10–17 Uhr) mit über zwei Millionen Büchern. In der

Lobby ist eine Installation des Künstlers Matej Kren zu sehen. 8000 Bücher sind zu einer Art Tipi aufgeschichtet. In dem gleich neben dem Eingang gelegenen ▶ Café gibt es belegte Brote und Getränke zu „Normalpreisen". Wer sich für Bücher interessiert, sollte unbedingt noch einen Abstecher in die nördlich des Marienplatzes verlaufende Valentinská machen. Auf Nr. 8 befindet sich ein ▶ Antiquariat (Antikvariát, Valentinská 8, Tel. +420/224 816 253, www.valentinska.cz, Mo–Fr 10–18 Uhr) mit einer großen Auswahl an deutschsprachiger Literatur.

Fundgrube: Antiquariat in der Valentinská

Das mit Plastiken reich geschmückte **11 Palais Clam-Gallas** (Husova 20) – heute Sitz des Stadtarchivs – ist ein Werk von Johann Bernhard Fischer von Erlach aus den Jahren 1714–1718.

Auch das **12 Klementinum** (Mariánské nám. 5, Tel. +420/221 663 111, www.klementinum.com, Jän. bis März 10–17, April, Okt., Dez. 10–18, Mai bis Aug. 10–20 Uhr), heute Sitz der Nationalbibliothek, steht in engem Zusammenhang mit Gelehrsamkeit und Bücherwissen. Es wurde Mitte des 16. Jh.s von den Jesuiten als Konkurrenz zur Karlsuniversität gegründet und mit dieser später vereint. Der weitläufige Komplex birgt eine beeindruckend schöne Barockbibliothek, eine Sternwarte sowie die sogenannte Spiegelkapelle, in der Konzerte klassischer Musik stattfinden. Das Klementinum erstreckt sich über mehrere Höfe und hat verschiedene Ein- bzw. Ausgänge. Wir schlagen jenen Weg ein, der uns vom Mariánské náměstí über den Durchgang neben der St.-Salvator-Kirche direkt zum Křižovnické náměstí führt. Der Platz mit

Klementinum: heute Sitz der Nationalbibliothek

den beiden Barockkirchen – 13 **Sankt Salvator** im Osten und 14 **Sankt Franziskus** im Norden – gehört ungeachtet der Straßenbahnen, die immer wieder den Blick darauf verstellen, zu den schönsten der Stadt.

Sankt-Franziskus-Kirche am Kreuzherrenplatz

Hier betritt nun Karl IV. (1316–1378) das erste Mal für uns die Bühne. Er stammte aus dem Geschlecht der Luxemburger, jener Dynastie, die den Přemysliden auf den Thron folgte, und gehört zu den eindrucksvollsten Persönlichkeiten des Spätmittelalters. Ihm verdankt Prag seinen Aufstieg zu einer der prunkvollsten Städte Europas, größer und schöner als Paris oder London damals waren. Er veranlasste den Bau einer Universität (Karolinum). Das wuchtige 15 **Bronzedenkmal,** vor dem wir uns jetzt befinden, wurde 1848, anlässlich des 500. Jahrestages, errichtet und zeigt den Kaiser mit der Gründungsbulle in der Hand. In den Anfängen hatte die Universität keinen eigenen Sitz. Die Studenten wohnten und aßen bei ihren Professoren, Vorlesungen wurden in Kirchen, Klöstern oder privat abgehalten. Später entstanden verschiedene Universitätsgebäude, darunter das heutige Karolinum (► S. 53). Es liegt nicht auf dieser Strecke und ist für Besucher auch nicht zugänglich.

Neben der Errichtung zahlreicher Kirchen und Klöster kam es unter Karl IV. zu umfangreichen städtebaulichen Veränderungen. Die Prager Neustadt (Pražské Nové Město) ist eigentlich nicht neu, sie geht in ihrer Struktur im Wesentlichen auf die Anlage im 14. Jh. zurück. Auch die Prager Burg, der krönende Abschluss dieser Tour, wurde unter Karl IV. wiederaufgebaut, umgestaltet und erweitert. Das Prunkstück seiner Ära

Kaiser Karl IV., bedeutendster Herrscher des Spätmittelalters

Altstädter Brückenturm

aber ist zweifelsohne die Karlsbrücke, auch „steinerne Brücke" genannt. Um uns von Karl ein besseres Bild zu machen, begeben wir uns jetzt zum ⑯ **Altstädter Brückenturm** (tägl. 10–19, im Sommer 10–22 Uhr). Im Mittelgeschoß sind drei Skulpturen aus dem Spätmittelalter zu sehen: links Karl als alter Mann kurz vor seinem Tod, mit geneigtem Kopf und etwas verrutschter Krone, rechts von ihm Wenzel IV., sein Nachfolger, in der Mitte der heilige Veit. Der Altstädter Brückenturm wurde 1357–1402 erbaut und gilt als Meisterwerk der gotischen Architektur. Er war zugleich schmuckvoller Abschluss der Brücke, Teil der Befestigungsanlage und Triumphbogen. Die Bildhauer- und Steinmetzarbeiten stammen von Peter Parler, dem Erbauer der Karlsbrücke. Vom letzten Stockwerk des Turms aus eröffnet sich ein außergewöhnlicher Blick auf die Altstadt.

Karl IV. war es auch, der verfügte, dass die Krönungsprozessionen seiner Nachfolger fortan über die neue gotische Brücke führen sollten. Die ⑰ **Karlsbrücke** wurde 1402 fertiggestellt und feierte 2002 ihren 600. Geburtstag. Mit 16 halbrunden Bögen von 25 Metern Spannweite war das Bauwerk ein technisches Meisterwerk seiner Zeit – eine Bauleistung, die bis dahin nicht für möglich gehalten wurde. Als Wahrzeichen von Prag wurde sie oft und oft abgebildet. Die melancholischen Heiligensta-

Heiligenstatuen auf der Karlsbrücke

Die Karlsbrücke/Karlův most mit Blick auf die Altstadt

tuen in ihren rußgeschwärzten Gewändern wirken deshalb vielleicht so vertraut. Was sie auszeichnet, ist ihre Grazie, die Demut ihrer Haltung, die Ergebenheit in ihr Schicksal, etwas, was sie mit Prag verbindet. Ideal wäre es, frühmorgens hier einzutreffen, dann sieht man unter einem hauchdünnen Nebelschleier am anderen Ufer den Hradschin auftauchen. Zu dessen Füßen die Kleinseite, links, auf gleicher Höhe mit dem Fluss, die Halbinsel Kampa – Kleinvenedig. Dann der Laurenziberg, der, naturbelassen, unverbaut, das Gegenstück bildet zu den Dächern, Dachfirsten, Kaminen und Türmen der Stadt.

Der heilige Johannes von Nepomuk

Das Wehr, das wie ein Rechen in den Fluten steckt, erzeugt ein unüberhörbares Rauschen, das, hört man genau hin, sich in Musik verwandelt. „Die Moldau" (Vltava), das 1874 von Bedřich Smetana komponierte Musikstück, gehört zum Zyklus „Mein Vaterland", der traditionell jedes Jahr am 12. Mai, dem Todestag des Komponisten, die Eröffnung des Musikfestivals „Prager Frühling" *(www.festival.cz)* einleitet. Thematisch steht er in engem Zusammenhang mit der Oper „Libuše", die für die Eröffnung des Nationaltheaters komponiert wurde (► S. 107).

Einziger Schmuck der Brücke war zweihundert Jahre lang der „Christus am Kreuz". Die Figuren nahmen erst nach und nach ihren Platz ein, die meisten in der Barockzeit. Sie wurden als

Votivgaben von Ordensgemeinschaften oder hohen Persönlichkeiten gestiftet. Zuletzt kamen Kyrill und Metod, 1938, anlässlich des 20-jährigen Jubiläums der Gründung der Tschechoslowakei, hinzu (5. von rechts, wenn man vom Altstädter Brückenturm kommt). Die berühmteste Figur ist die des heiligen Johannes von Nepomuk (7. von rechts). Er wurde auf Befehl des Kaisers ins Wasser geworfen und starb den Märtyrertod. Ein Relief bildet für die Nachwelt die Szene ab. Die Plastik stammt aus dem Jahre 1683 und zeigt Nepomuk als Helden der Gegenreformation mit dem Kruzifix in der Hand. In Wirklichkeit, so wird behauptet, war es nie der heilige Nepomuk, der hier dargestellt ist, sondern Jan Hus, der kämpferische Kirchenreformator, dessen Züge er unverkennbar trägt.

Der Kleinseitner Brückenturm

Die aus Bronze gegossene Statue ist unter den Heiligen der Brücke – alle anderen sind aus Stein – ein Außenseiter und wird deshalb offiziell nicht dazugezählt. Obwohl dreißig Skulpturen zu sehen sind, ist immer nur von 29 „Brückenheiligen" die Rede.

Zu den Figuren nur noch so viel: Weil sie durch Witterung und andere Unbill Schaden genommen haben, befinden sich die Originale heute im Lapidarium des Nationalmuseums (▶ S. 64) und im Vyšehrad (▶ S. 15).

Am Ende der Karlsbrücke erreichen wir den ⓲ **Kleinseitner Brückenturm** **(April bis Okt. 10–18 Uhr)**, der durch einen Torbogen mit dem kleineren, sogenannten „Turm der Judithbrücke" (wie die Karlsbrücke ursprünglich hieß) verbunden ist.

Wir gehen geradeaus weiter durch die Mostecká, die Brückengasse, die seit dem Mittelalter die Karlsbrücke mit dem Malostranské náměstí (▶ S. 78), dem Zentrum der Kleinseite, verbindet. Die Prager Kleinseite (Malá Strana) ist die von Přemysl Ottokar II. im Jahre 1257 gegründete zweite Prager Stadt. Sie bildete bis 1784 eine rechtlich eigenständige Gemeinde unterhalb der Prager Burg und hob sich deutlich von der Prager Altstadt ab. Die eine Hälfte der Kleinseite gehörte dem Adel, die andere der katholischen Kirche. Beide Stände hatten genug Geld und Kunstverstand, um im Laufe des 17. Jh.s und später im 18. Jh. der Kleinseite ihr barockes Aussehen zu geben.

Mostecká mit Blick auf die Nikolauskirche

Das prägende Bauwerk hier ist die ⑲ **Nikolauskirche** (Kostel svatého Mikuláše, Malostranské nám., www.svmikulas.cz, Mo 9–14, 15–17, Mi 10–14, Do 10–15 Uhr), die berühmteste Kirche Prags.

Ihre grünüberzogene Kuppel überragt alle Türme. Drei Generationen von Architekten haben daran gearbeitet: Christoph Dientzenhofer und sein Sohn Kilian Ignaz planten ab 1702 Hauptschiff, Fassade und Chor, den Glockenturm von 1755 entwarf Anselmo Lurago. Schon Wolfgang Amadeus Mozart hat die Orgel in der Nikolauskirche gespielt, und auch heute finden hier das ganze Jahr über Konzerte statt *(www.koncertyvpraze.eu)*.

Die nächste Station ist der Hradschin, zu erreichen über die Zámecka, die rechts vom Platz abzweigt, und weiter über die Zámecké schody, die „neue" Schlossstiege.

Die Prager Burg hat im Leben eines jeden Pragers, einer jeden Pragerin eine ganz besondere Bedeutung. Nicht allein deshalb, weil sie auf einem Hügel liegt und eine unverkennbare Domi-

Der Platz vor der Burg mit imposantem Gittertor

Panorama der Prager Kleinseite mit Burg und Veitsdom

nante im Stadtbild darstellt, sondern auch, weil sie Regierungssitz und Kathedrale in einem darstellt und räumlich miteinander vereint. Während der Periode des Kommunismus war sie „verbotene Stadt". Das Volk sah die schwarzen Tatra-Limousinen, mit ihren Haifischflossen-Kotflügeln und verhängten Fenstern, von und zum Hradschin fahren, hatte selbst aber keinen Zutritt zu ihm. Unter Präsident Havel änderte sich das. Die Höfe der Burg stehen jetzt jedem offen (April bis Okt. 5–24, Nov. bis März 6–23 Uhr). Besonders an lauen Sommernächten kommt man gerne hier herauf.

Den Platz vor der Burg, den Hradčanské náměstí, begrenzt eine Brüstung, Ballustrade, wo wir kurz Halt machen, um den Blick über die Stadt schweifen zu lassen. Es war einmal der Hauptplatz der um 1320 gegründeten Stadt Hradčany. Im Laufe der Jahre entstanden Adelspaläste (Schwarzenbergpalais auf Nr. 2, das Palais Martinic auf Nr. 8) und Residenzen geistlicher Würdenträger (das Erzbischöfliche Palais auf Nr. 16).

Die schlanke Männergestalt schräg vis-à-vis dem schmiedeeisernen Hauptportal zeigt Tomáš Masaryk, den ersten Präsidenten der Tschechischen Republik (▶ S. 62) und somit ersten bürgerlichen Bewohner der Burg. Nach dem Sturz des kommunistischen Regimes folgte ihm 1989 Václav Havel, der zu Beginn seiner Präsidentschaft allerdings von seiner Privatwohnung aus die Amtsgeschäfte führte. Der jetzige Präsident Václav Klaus bewohnt eine Villa in unmittelbarer Nähe.

Masaryk ließ die Anlage modernisieren und beauftragte mit dem Umbau Architekten seiner Zeit (► S. 38) u. a. Jože Plečnik, der die südlichen Gärten gestaltete (April bis Okt. tägl. 10–18 Uhr).

Die ⓴ **Burg** (www.hrad.cz, tägl. April bis Okt. 9–18, Nov. bis März 9–16 Uhr) ist das Ergebnis einer mehr als tausendjährigen Bautätigkeit. Sie entstand zwischen dem 9. und dem 19. bzw. 20. Jh. und ist nach dem Vatikan das zweitgrößte Ensemble dieser Art. Mit den hier untergebrachten Museen und Gemäldegalerien birgt es eine Fülle an Sehenswürdigkeiten. Wir beschränken uns auf einige wichtige Punkte.

Durch das vergoldete schmiedeeiserne Tor mit den Skulpturen der kämpfenden Giganten (Ignaz Platzer, 1771) gelangen wir in den 1. Burghof, den jüngsten Teil der Anlage. Hier kann man dem Schauspiel der sich ablösenden Palastgarde (stündlich zwischen 9 und 22 Uhr, um 12 Uhr mit Fanfaren und Übergabe der Stan-

Die Burgwache

Der Vladislavsaal im alten Königspalast

darte) beiwohnen. Die babyblauen Uniformen der Soldaten stammen aus den Kostümwerkstätten Hollywoods und weisen den gut gewachsenen Männern fast den Rang von Statisten zu. Im Südflügel – errichtet unter Maria Theresia – befinden sich die Repräsentationsräume – eine Reihe von Salons, die der Öffentlichkeit nicht zugänglich sind.
Der 2. Burghof, den wir durch das Matthiastor betreten, birgt jene Gebäude, die Rudolf II. errichten ließ. Rudolf, den Kunstsammler in Geldnöten, sind wir ja schon als Gegenspieler und Rivalen von Mordechai Maisel begegnet. Er verlegte seine Residenz von Wien nach Prag und ließ, kaum war er umgezogen, Künstler, Alchemisten und Forscher aus ganz Europa zu sich kommen. Sie sollten ihm dabei helfen, die Geheimnisse der Schöpfung zu ergründen.
Der Verbindungstrakt zwischen Nord- und Südflügel beherbergte Rudolfs berühmte Kunstkammern: vier Räume im ersten Stock, hundert Meter lang und fünf Meter breit (die „Rudolfsgalerie" ist nur bei Sonderausstellungen geöffnet). In Schränken, Vitrinen und Truhen lagerten Bergkristalle, Edelsteine, Pokale, Juwelen, Bücher, Messinstrumente, ausgestopfte Tiere, antike Statuen, ägyptische Mumien etc. Die Gemälde – darunter Werke von Leonardo da Vinci, Correggio, Arcimboldo, Dürer und Bruegel – lehnten an den Wänden.
Ein Durchgang unter dem Verbindungsflügel führt uns in den 3. Hof, wo wir unmittelbar vor dem Eingangsportal des Veitsdoms stehen. Bevor wir die Tour fortsetzen, müssen zuerst

die Eintrittskarten gelöst werden (Infostelle im 3. Burghof, Tel. +420/224 372 423, www.hrad.cz, April bis Okt. 9–18, sonst bis 16 Uhr). Um den weltlichen Teil der Besichtigung abzurunden, schlagen wir vor, zuerst den ㉑ **Alten Königspalast** zu besichtigen und den Rundgang durch den Dom daran anzuschließen. Der Eingang befindet sich am nördlichen Ende des 3. Burghofes.

Drei zu unterschiedlichen Zeiten angelegte Ebenen bestimmen den Bau heute. Die erste entspricht einem 1135 errichteten romanischen Palast. Darüber fügten die böhmischen Könige im Mittelalter ihre Residenzen hinzu.

Hier treffen wir wieder auf Karl IV. Er war es, der den heruntergekommenen, unbewohnbaren Palast renovieren ließ. Er war es auch, der den Baubeginn des Veitsdomes einleitete. Er ließ das Sankt-Georgs-Kloster umbauen und errichtete die in den Palast integrierte Allerheiligenkirche.

St.-Georgs-Basilika

Die dritte Ebene, das Obergeschoß, entstand zwischen 1493 und 1502 unter der Herrschaft von Vladislav Jagiello. Es enthält den berühmten Vladislavsaal – Highlight dieses Rundganges und mit nahezu tausend Quadratmetern größter profaner Raum im Prag des Mittelalters. Er ist 13 Meter hoch, und seine Decke bildet ein aufwendig gestaltetes Rippengewölbe. Der Saal diente seit jeher repräsentativen Zwecken und tut dies bis heute. Alle Krönungsfestgelage fanden hier statt. Ross und Reiter zogen über die Reiterstiege in den Saal ein. Ja sogar ein Karussell soll hier Platz gefunden haben.

Rechts führt eine Treppe in die sog. böhmische Kanzlei. Sie war Schauplatz des Prager Fenstersturzes von 1618. Die Fenster in dieser Kammer sind so klein, dass man sich fragt, wie ein erwachsener Mann da hat durchrutschen können. Der Vorgang wird in den Annalen folgendermaßen geschildert: Jaroslav Borsita Graf von Martinic und Vilem Slavata, beide Statthalter des Kaisers und verbissene Katholiken, arbeiteten hier an einem sonnigen Maimorgen des Jahres 1618. Plötzlich traten zwei Männer ein: Heinrich Matthias von Thurn und Václav Budovec, protestantische Adelige, die den beiden vorwarfen, die Ruhe im Königreich zu stören. Nach einer improvisierten Gerichtsverhandlung wurden die Katholiken kurzerhand aus dem Fenster geworfen. Danach folgte noch der Schreiber Johannes Fabricius. Wie durch ein Wunder überlebten die drei Opfer den Sturz aus 17 Metern Höhe. Für den Kaiser jedenfalls kam die Defenestration seiner Beamten einer Kriegserklärung gleich: Der 2. Prager Fenstersturz löste den Dreißigjährigen Krieg aus.

Die böhmische Kanzlei

Wir verlassen jetzt den Königspalast und wenden uns dem ㉒ **Veitsdom** zu. Der Grundstein zu diesem Gotteshaus wurde 1344 gelegt, abgeschlossen wurden die Arbeiten 1929, anlässlich der Feierlichkeiten zum tausendjährigen Jubiläum des heiligen Wenzel. Das Portal, das wir rechter Hand sehen, diente in früheren Zeiten als Haupteingang. Heute wird die sogenannte „goldene Pforte" nur mehr bei besonderen Anlässen genutzt. Deshalb betreten wir den Dom durch das Tor an der Westfassade, das von den im 19. Jh. hinzugefügten Zwillingstürmen überragt wird. Wir gehen links entlang der Seitenkapellen nach vor, durch jenen Teil, der in den letzten Bauphasen, im 19. bzw. 20. Jh., entstanden ist. Die Glasfenster schufen tschechische Künstler dieser Epoche u. a. Alfons Mucha (► S. 94). Im Anschluss folgt der im 14. Jh. vollendete gotische Teil, das Lebenswerk von Peter Parler (1330–1399), dem wir bereits als Erbauer der Karlsbrücke begegnet sind.

Beeindruckend ist der Chor, er ist ungewöhnlich hoch, der Stein fließt förmlich vom Himmel zur Erde herab. Stärkster Anziehungspunkt für Touristen ist das pompöse Barockgrab des heili-

Königsschloss und Gotteshaus bilden ein Ensemble

gen Johann von Nepomuk. Es wurde 1736 von Emanuel Fischer von Erlach entworfen und in Wien aus reinem Silber gefertigt.
Die St.-Wenzels-Kapelle im Südteil des Querschiffes beherbergt das Grab des heiligen Wenzel (► S. 65). Sie befindet sich genau dort, wo Wenzel 925 eine romanische Rundkirche hat errichten lassen, in der er nach seinem Tod beigesetzt wurde. Gotische Fresken mit Szenen aus seinem Leben bedecken die Wände, geschmückt mit Einlegearbeiten aus Gold und Halbedelsteinen. Wichtigstes Werk ist die von einem Neffen Peter Parlers geschaffene Wenzelsstatue. Der Heilige ist – von Engeln begleitet – in voller Rüstung dargestellt. Von der Kapelle führt eine Tür in die Schatzkammer, wo die Kronjuwelen und Insignien der böhmischen Könige aufbewahrt werden. Sie sind durch sieben Schlösser gesichert, und die sieben Schlüssel wurden von sieben verschiedenen Vertrauenspersonen verwahrt.

Glasmalereien tschechischer Künstler

Weder der Bauherr noch der Architekt erlebten den Abschluss der Arbeiten. Nach Karls Tod wurde der Bau unter der Regierung seines Sohnes, Wenzels IV., fortgeführt. Als Peter Parler 1399 starb, setzten seine Söhne sein Werk fort.

Das ㉓ **„Goldene Gässchen“** (Zlatá ulička) – die nächste Etappe der Tour – erreichen wir über den an der Ostseite des Domes anschließenden náměstí U Sv. Jiří. Von dort führt die Jiřská bergab Richtung Stadt. Nach dem Klostergebäude biegen wir in die erste Gasse links ein und halten uns dann wieder rechts. Die Häuserzeile mit den bunt angemalten Miniaturbauten schmiegt sich an die Befestigungsmauer und wirkt wie ein Freilichtmuseum. Die Räume sind so niedrig, dass man sich beim Eintreten bücken muss. Kaum zu glauben, dass hier vor gar noch nicht so langer Zeit noch wer gewohnt hat. Die Kartenlegerin Matylda Průšová alias „Madame de Théb“ (Thebes) auf Nr. 14 wurde in den 1920er-Jahren gerne aufgesucht. Auf Nr. 22 bezog Franz Kafka 1916–1917 für ein paar Monate Quartier, und im letzten Haus (Nr. 12) lebte der Amateurhistoriker Josef Kazda, ein Filmfreak, der Archivmaterial auf Celluloid sammelte. Ihm zu Ehren wird hier nonstop ein Dokumentarstreifen in Schwarzweiß über Prag gezeigt. Alle Häuser des Goldenen Gässchens wurden restauriert und von Spezialisten der Barrandov-Filmstudios publikumsgerecht in Szene gesetzt. In einem der Keller sind allerlei Tiegel, Öfen und Destillierkolben zu sehen, ein nachgestelltes Alchemistenlabor.

„Goldenes Gässchen“

Im Kazda-Haus lebte ein Hobbyfilmer

Um die Tour abzuschließen, stehen zwei Varianten zur Auswahl: Wir begeben uns zurück in die Jiřská, gehen sie bergab, verlassen das Burgareal durch das Südtor und spazieren die südlichen Gärten entlang bis zum Hradschiner Platz. Oder wir gehen den gleichen Weg zurück bis zum 2. Burghof. Dort befindet sich rechts ein Durchgang, der uns zur Straße U Prašného mostu (An der Pulverbrücke) führt.

Die Pulverbrücke (Prašný most) verbindet den Hradschin mit dem Königsgarten, wo sich das Ballhaus und das Lustschloss (Belvedere) der Königin Anna befinden. Von hier aus betrachtet, erscheint die Burg tatsächlich als Burg. Sie thront auf einem Felsen, der aus einem tiefen Graben, einer regelrechten Schlucht, emporragt. Darunter fließt ein Bächlein (Brusnice), umgeben von Grünland.

Seit 2002 verbindet ein Fußgängertunnel wieder den Hirschgraben

Ursprünglich diente der Graben als natürlicher Schutz vor Feinden. Rudolf II. ließ hier Rehe und Hirsche für die Jagd aussetzen – daher der Name Jelení příkop, Hirschgraben. Auch Löwen hielt er sich hier, bei deren Fütterung er jedes Mal persönlich zugegen war. Später, unter Maria Theresia, wurde ein Wall aufgeschüttet, der den Hirschgraben teilte. 2002 finanzierte die durch Präsident Havel ins Leben gerufene Stiftung „Vision 97“ ein Projekt, das beide Teile durch einen Fußgängertunnel wieder vereint. Der Entwurf stammt von dem Prager Architekten Josef Pleskot und wurde mit dem renommierten „Brick Award“ ausgezeichnet. Wie der Hirschgraben stellt auch dieses Bauwerk ein Unikat dar. Eine wahre Entdeckung. Ein Stück Modernität als letztes Geheimnis der tausendjährigen Burg.

Eine Einkehr im ▶ Schwarzen Ochsen/Hostinec u Černého vola (Loretánské nám. 1, Tel. +420/220 513 481, tägl. 9–22 Uhr) bildet den Abschluss der Tour. An den schweren Holztischen dieses Alt-Prager Wirtshauses müssen alle zusammenrücken – egal, ob sie im Laufdress oder im Anzug erscheinen, vom Joggen kommen oder aus dem Ministerium. Das dunkle Bier mit dem unaussprechlichen Namen „Velkopopovicky Kozel“ rinnt wie von selbst die Kehle hinunter, und mit jedem Schluck wird einem Prag ein Stück vertrauter.

JOSEFOV
Letenské sady
nábř. Edvarda Beneše
Čechův most
Dvořákovo nábř.
Klášter sv. Anežky České
Na Františku
nám. Curieových
Pařížská
Dušní
U Milosrdných
Bílkova
Rudolfinum
Na Rejdišti
17. listopadu
Staronová syn.
Starý žid. hřbitov
Mánesův most
Široká
Maiselova
Kaprova
Staroměstská
Veleslavínova
Valentinská
Staroměstské nám.
M. Boží před Týnem
Staroměstská radnice
Týn
Štupartská
Celetná
Ovocný trh
Karolinum
Železná
Klementinum
Mariánské nám.
Karlův most
Křižovnická
Křižovnické nám.
Staroměstská mostecká věž
Karlova
Husova
Novotného lávka
Anenská
Anenské nám.
Liliová
Betlémská kaple
Betlémské nám.
Náprstkova
Konviktská
Na Perštýně
Martinská
Uhelný trh
Na Můstku
Na Příkopě
28. října
Můstek
Jungmannovo nám.
Národní
Národní třída (2014)
Smetanovo nábř.
most Legií
Národní divadlo
Františkánská zahrada
Vodičkova
Spálená
Purkyňova
Vladislavova
Jungmannova
Palackého
Ostrovní
Masarykovo nábř.
VLTAVA
Slovanský ostrov
Myslíkova
Odborů
Novoměstská radnice
Lazarská
Žitná
Karlovo nám.
Ječná
Resslova
Jiráskův most
Jiráskovo nám.
Karlovo náměstí
Praha (centr. přist.)
Palackého most
Palackého nám.
Na Moráni
Trojanova
U Nemocnice
Kateřinská
Ke Karlovu
Štěpánská
Ve Smečkách
Na Rybníčku
Vojtěšská
Křemencova
Opatovická
V Jirchářích
Pštrossova
Dittrichova
Gorazdova
Václavská
Jenštejnská
Sokolská
Lípová
Salmovská

Kubismus, Kunst und Design

Ausgangspunkt: Akademie für Kunst, Architektur und Design (Vysoká škola uměleckoprůmyslová, VŠUP/náměstí Jana Palacha/Metro Staroměstká)

Endpunkt: Mánes-Ausstellungshalle (Masarykkai)

Unbedingt hingehen:

- ★ Rudolfinum: Galerie und Café
- ★ Museum der dekorativen Kunst
- ★ Haus zum goldenen Ring
- ★ Haus zur schwarzen Madonna
- ★ Betlehemplatz

Die Route: náměstí Jana Palacha (❶ Akademie f. Kunst, Architektur u. Design/Vysoká škola uměleckoprůmyslová ❷ Galerie VŠUP) – Mánesbrücke/Mánesův most (❸ kubistischer Brunnen) – Alšovo nábřeží/náměstí Jana Palacha (❹ Rudolfinum, ❺ Philosophische Fakultät/Karlsuniversität/Jan-Palach-Gedenkstein) – Alšovo nábřeží (❻ Galerie Rudolfinum) – Na Rejdišti – 17. listopadu (❼ Museum der dekorativen Kunst/Uměleckoprůmyslové museum) – Břehová – Pařížžká – Bilkova – Elišky Krásnohorské (❽ Wohnblocks/Otakar Novotný, ❾ „Navarila") – U svatého ducha – Dušní (❿ Bohème, ⓫ Boutique Tatiana) – Dlouhá (⓬ Klára Nademlýnská) – Kozí – Haštalská – Rámová (⓭ Qubus) – Haštalská – Haštalské náměstí – Anežská – U Milosrdných (Abstecher ⓮ Agneskloster) – Haštalská – Rybná – Dlouhá (⓯ NoD) – Rybná (⓰ Hotel Josef) – Masná – Týnská (⓱ Haus zum goldenen Ring) – Staroměstské náměstí (⓲ Haus zur steinernen Glocke, städtische Galerie/Rathaus) – Ovocný trh (⓳ Haus zur schwarzen Madonna) – Celetná – Ovocný trh (⓴ Tyl-Theater, ㉑ Karolinum) – Rytířská – Uhelný trh – Perlová – Abstecher Jungmannplatz/Jungmannovo nám. (㉒ Straßenlaterne von Emil Králíček) – Perlová – Martinská (㉓ Timoure & Group) – Na Perštýně (㉔ Verwaltungspalast) – Bartolomějská (㉕ Leeda) – Prochůdní – Konviktská (㉖ Botas) – Betlehemplatz/Betlémské náměstí (㉗ Galerie Jaroslav Fragner, ㉘ Futurista) – Náprstkova (㉙ BDN) – Smetanovo nábřeží (㉚ Galerie Zdeněk Sklenář) – Masarykovo nábřeží (㉛ Tanzendes Haus, ㉜ Mánes-Ausstellungshalle)

„Während der brave Soldat Švejk kühn an der Front kämpft und das Wort Roboter zum ersten Mal in einem Text der Gebrüder

Čapek auftaucht, schmieden junge tschechische Architekten kubistische Ideen für die Welt von morgen zurecht. Sie gestalten eine Straßenlaterne wie eine Mariensäule, einen Bücherschrank wie ein Origami und eine Dose wie ein Kristall" (aus: czechmania.com, 100 Design-Ikonen, gezeigt im Rahmen des Festivals DesignMai in Berlin 2005).
Diesen im wahrsten Sinne des Wortes schrägen Objekten und ihren architektonischen Entsprechungen soll diese Tour gewidmet sein. Prag ist die einzige Stadt mit kubistischen Gebäuden. Der Versuch, die Prinzipien der kubistischen Malerei auf Architektur, Innenräume, Möbel und Accessoires anzuwenden, ist einzigartig und stellt den spezifisch tschechischen Beitrag zur europäischen Moderne dar. Der Spaziergang, zu dem wir hier einladen, widmet sich diesem Phänomen, steuert darüber hinaus aber auch Stationen an, die das Schaffen zeitgenössischer Künstler, Designer und Modeschöpfer beleuchten.

Dass die Tour an der ❶ **Akademie für Kunst, Architektur und Design** **(Vysoká škola uměleckoprůmyslová/VŠUP, nám. Jana Palacha 80, www.vsup.cz)** beginnt, hat seinen guten Grund. 1885 mit dem Auftrag gegründet, künstlerische Techniken und Fertigkeiten zu vermitteln, wurde die strenge Institution bald schon zum Entwicklungslabor kühner Visionen.
Der ersten Generation von Lehrbeauftragten gehörten Persönlichkeiten an wie Friedrich Ohmann, der „Vater" des Palmenhauses und der Stadtparkverbauung in Wien, oder Josef Václav Myslbek, der Bildhauer, der die bronzene Reiterstatue am Wenzelsplatz schuf. Am einflussreichsten war wohl Jan Kotěra, der nicht nur als Architekt, Designer und Grafiker wirkte, sondern auch als Publizist. Er bildete zwei Generationen von Architekten aus, die das Prag der Neuzeit prägten. Seine Büste rechts an der Gebäudefront zeigt ihn als energischen Mann, der streng, ja fast zornig auf uns herunterschaut. Auch Jože Plečnik, der später von Präsident Masaryk mit Um- und Zubauten der Prager Burg beauftragt wurde, ging in diesem Gebäude ein und aus. Er hielt ab 1911 Vorlesungen über Architekturtheorie und Volkskunst.
Damals machte ein junger Mann von sich reden: Pavel Janák (1882–1956). Er kam gerade aus Wien zurück, wo er bis 1907 ein paar Semester bei Otto Wager studiert hatte.

Akademie für Kunst, Architektur und Design

Janák heuerte kurz darauf in Kotěras Atelier an und entwickelt in der Zeit, die er dort am Zeichentisch saß, das theoretische Fundament für die neue Kunstrichtung: den Kubismus. Sein Aufsatz „Prisma und Pyramide" gilt als Abkehr vom strengen Formalismus seines Lehrmeisters in Wien. In Josef Gočár (1880–1945) findet er einen kongenialen Partner. Später kommen noch Josef Chochol (1880–1956), Otakar Novotný (1880–1959), Emil Králíček (1877–1930) und andere hinzu.
Zunächst wird die Kooperative Artěl gegründet, mit dem Ziel, die tschechische angewandte Kunst von Grund auf zu erneuern. Ihr gehören neben Architekten auch Grafiker, Maler, Bildhauer, Keramiker und Textilkünstler an.
1911 schließen sich die Kubisten zur „Gruppe der bildenden Künstler" (Skupina výtvarných umělců) zusammen. 1912 gründen Gočár und Janák die Prager Kunstwerkstätten (Pražské umělecké dílny), die Artěl bald Konkurrenz machen sollte. Im gleichen Jahr baut Josef Gočár das „Haus zur schwarzen Madonna" (▶ S. 52). Im Obecní dům (▶ S. 87) fand die erste gemeinsame Ausstellung der Gruppe statt. 1913 beendet Josef Chochol sein Mietshaus in der Neklanova ulica (Vyšehrad, Prag 2), das zum Manifest des kristallreinen Kubismus wurde.
An diese intensive Schaffensphase vor genau hundert Jahren knüpft die Generation der heutigen Akademieabsolventen an. Nicht unbedingt für jedermann sichtbar, weil die Marketingmaschine noch nicht auf vollen Touren läuft, findet so etwas wie ein Revival tschechischer Designkultur statt. Produktdesign,

Mode, Schuhe und Schmuck sind Felder, die auf eigenständige, originelle Weise abgedeckt werden. Nicht alle jungen Kreativen verfügen über ein Geschäftslokal, geschweige denn einen Flagstore. „Designblok" *(www.designblok.cz)* nennt sich eine Veranstaltung, die alljährlich den Herbst über in Showrooms, Galerien, Studios und Lofts stattfindet und Einblick in die Kreativszene gewährt. Auch die kleine ❷ **Galerie VŠUP** (Mo–Sa 10–18 Uhr) gleich neben dem Eingang im Erdgeschoß der Akademie fungiert als *project space* und zeigt Abschluss- und Semesterarbeiten der Studenten.

Mánesbrücke, benannt nach dem Maler Josef Mánes

Brunnen mit kubistischen Stilelementen

Der Platz, der beim Verlassen des Gebäudes vor einem liegt, folgt einem streng symmetrischen Grundriss. Genau vis-à-vis der Akademie befindet sich ein im ähnlichen Stil gehaltener Prunkbau, das Rudolfinum; das Gebäude an der rechten Seite beherbergt die Philosophische Fakultät der Karlsuniversität. Ihr gegenüber führt die Mánesbrücke über die Moldau.

Um die Tour fortzusetzen, halten wir uns links und schlagen den Weg Richtung Moldauufer ein. Am Brückenkopf der Mánesův most plätschert Wasser in einem ❸ **Brunnen,** der sehr dezent kubistische Gestaltungsmerkmale erkennen lässt. Wir überqueren die Straße, deren Verlängerung über die Brücke führt, und schlendern durch die Parkanlage entlang des Kais. Das ► Denkmal, das sich hier über den grünen Rasen erhebt, zeigt einen Mann in selbstbewusster, stolzer Pose mit der Palette in der Hand: Josef Mánes (1820–1871), berühmt für seine Landschaften, Porträts, historischen Szenen und Genremalereien – der tschechische Nationalmaler schlechthin. Tausende von Pragbesuchern kennen seine

Rudolfinum, Sitz der Tschechischen Philharmonie

Werke, ohne zu wissen, dass sie von ihm sind. Mánes war an der Restaurierung der Betlehemkapelle, wo Jan Hus seine Predigten hielt, beteiligt (► S. 71). Er schuf auch die Bilder der zwölf Monate des Jahres auf der astronomischen Uhr am Altstädter Ring (► S. 17). Nach ihm wurde die 1887 gegründete tschechische Künstlervereinigung Spolek výtvarných umělců Mánes (SVU Mánes) benannt (► S. 58). Und auch die Brücke, von der soeben die Rede war, trägt seinen Namen: Mánesův most.

Das Gebäude, an dessen Westseite wir jetzt stehen, das **❹ Rudolfinum** (Alšovo nábřeží 12), ist nach dem unglücklichen Sohn Kaiser Franz Josephs benannt. 1884 unter der Patronanz des Thronfolgers als Konzert- und Galeriegebäude eröffnet, ist es heute Sitz der Tschechischen Philharmonie *(Tel. +420/227 059 227, www.ceskafilharmonie.cz).*

Die Freitreppe, die zum Eingang des Rudolfinums hinaufführt, ist in unzähligen tschechischen und internationalen Filmen verewigt; wer sie hinabsteigt, sieht sich Aug in Aug mit Antonín Dvořák, dem großen tschechischen Tonkünstler.

Der Platz hat für jeden, der ihn betritt, eine andere Bedeutung. Über das Sichtbare legt sich ein Netz von versteckten Bezügen. Es gibt Leute, die weder an Architektur noch an Malerei noch an Musik denken, wenn sie den U-Bahn-Schacht heraufkommen, sondern an Jan Palach, der den gleichen Weg nahm, um zu seinen Vorlesungen an der **❺ Philosophischen Fakultät der Karlsuniversität** (nám. Jana Palacha 14) zu gelangen. Sein Denkmal (► S. 66) befindet sich auf dem Wenzelsplatz, an der Stelle, wo

Die Philosophische Fakultät der Karlsuniversität

Jan Palach Gedenkstein am Universitätsgebäude

er 1969 aus Protest gegen die Invasion der Sowjettruppen durch Selbstverbrennung den Tod fand. Links am Gebäude *(www.ff.cuni.cz)* ist ein Abdruck seiner Totenmaske zu sehen. Der Platz, der damals „Platz der Rote-Armee-Soldaten" hieß, wurde 1969 spontan in Jan-Palach-Platz unbenannt. Erst zwanzig Jahre später hieß er auch offiziell náměstí Jana Palacha. Für viele ist die Philosophische Fakultät am Jan-Palach-Platz ein Ort des Gedenkens. Vor dem Unigebäude verläuft die „Straße des 17. November". Dieses Datum erinnert an den Beginn der Samtenen Revolution im Jahr 1989 und wird heute als Staatsfeiertag begangen (▶ S. 66).

Café im Rudolfinum

Die nächste Etappe der Tour sieht einen Rundgang durch die ❻ **Galerie Rudolfinum** (**Alšovo nábřeží 12, www.galerierudolfinum.cz, Di, Mi, Fr, So 10–18, Do 10–20 Uhr**) vor. Diese Institution hat dieselbe Funktion wie die Kunsthalle in Wien: die gezielte Vermittlung zeitgenössischer Kunst. Das ▶ Café im Erdgeschoß kann man auch ohne Eintrittskarte besuchen. Wegen seiner Grandezza – man sitzt unter Palmen! – und dem großzügigen Platzangebot ist es bei Radio- und TV-Journalisten für Interviews sehr beliebt.

Beim Verlassen des Gebäudes folgen wir dem Kai flussabwärts und biegen dann in die erste Gasse rechts ein, die Na Rejdišti, was so viel wie „Am Rummelplatz" bedeutet. Auf Nr. 1 befindet sich das 1811 gegründete Konservatorium *(www.prgcons.cz)*, eines der ältesten in Europa.

Das Museum der dekorativen Kunst

An der nächsten Quergasse (über die Straßenbahnen und Autos brausen) wechseln wir auf die andere Straßenseite und kommen rechts zum Eingang des ❼ **Museums der dekorativen Kunst** **(Uměleckoprůmyslové museum v Praze, 17. listopadu 2, www.upm.cz, Di 10–19, Mi–So 10–18 Uhr)**. Der Neorenaissancebau stammt von jenem Architekten, der auch das Rudolfinum geplant hat, und wurde ein paar Jahre nach diesem, nämlich 1899, fertiggestellt. Wie jedes Prager Museum besitzt auch dieses ein ▶ Café, das nicht nur sympathisch ist, sondern in dem auch geraucht werden darf – und wohl auch aus diesem Grund von Künstlern wie Studenten stark frequentiert wird.

Kubistischer Stuhl im Museumsshop

Der Besuch des Museums ist stimmungsvoll. Ehrwürdiges aus der K.u.k.-Zeit – zum Beispiel eine Franz-Josephs-Büste, in Prag sonst kaum mehr wo zu sehen – trifft auf unverwechselbar Tschechisches wie etwa die „Interventionen" zeitgenössischer Künstler, die in jedem Saal den historischen Exponaten gegenübergestellt werden. Die mit „Stories of Materials" betitelte Schau gliedert sich nach den verwendeten Werkstoffen bzw. Themen: Glas, Keramik, Metall, Textil, Buch- und Grafikdesign, Fotografie, Möbel und

Mode. Die kubistischen Objekte sind eher unterrepräsentiert, man findet sie in einem 2003 speziell dafür eingerichteten Museum (▶ S. 52) – und im ▶ Museumsshop. Dort steht eine Replik des berühmten Sessels, den Pavel Janák für das Herrenzimmer der Familie Borovicka entworfen hat. Unbedingt sei auch empfohlen, einen Blick in die Bibliothek des Museums zu werfen. Und noch ein Tipp: Von den Fenstern im Vorraum zu den WC-Anlagen aus sieht man auf den Alten jüdischen Friedhof (▶ S. 21). Dieser Aussichtspunkt ist deshalb perfekt, weil er wie von einer Empore aus einen perspektivischen Blick auf die alten Gräber ermöglicht. Ein ganzer Saal des Museums ist Brautkleidern gewidmet. Eleganz und Raffinement leiten über zum nächsten Thema: Fashiondesign.

Blick auf die Klausensynagoge

Der Weg rechts, wenn man aus dem Museum kommt, entlang der 17. listopadu und weiter dann durch die rechts abzweigende Břehová führt ins jüdische Viertel. Am Ende der Quergasse U starého hřbitova (dt. Am alten Friedhof) lässt sich ein Blick auf die ▶ Klausensynagoge erhaschen.

Dass das Zentrum der Prager Modeszene sich im Stadtteil Josefov, in der ehemaligen Judenstadt, befindet, hat seine Gründe. Das Judenviertel wurde Ende des 19. Jh.s abgerissen und es entstanden elegante Wohnhäuser von ambitionierten Architekten – Schülern Jan Kotěras. Die schönsten befinden sich in der Pařížká, der Pariser Straße, die wir am Ende der Břehová erreichen. Hier siedelten sich damals schon Modeateliers und Haute-Couture-Salons an. In der Zeit des realen Sozialismus, von 1949 bis 1989, als Konsum verpönt war, bezogen Vertretungen ausländischer Airlines oder Handelsniederlassungen die geräumigen Geschäftslokale.

Nach der Wende hat es nicht lange gedauert und die Pařížká verwandelte sich zurück in eine Prachtstraße, die vom Moldauufer zum Altstädter Ring, also zum Stadtkern, führt. Interessanter als die Boutiquen der großen internationalen Labels sind jene, die in den Seitengassen liegen. Die ersten tschechischen Prêt-à-porter-Labels wurden in den 1990ern gegründet. Mit einer nur

Kubistische Fassadengestaltung in der Bilkova

kurzen Einarbeitungsphase und gegen den bald einsetzenden Konkurrenzdruck der ausländischen Marken setzte sich eine 8er-Gruppe *(www.czechfashion.cz)* durch, die bis heute die Speerspitze des Designs „Made in the Czech Republic" darstellt. Die acht geben einen eigenen Folder heraus, der in jedem Geschäft aufliegt und als Wegweiser von einer Adresse zur nächsten dient.

Wir queren die Pařízžká und gelangen über die Bilkova in die Elišky Krásnohorské, benannt nach Eliška Krásnohorská, die zu der Zeit, als das Viertel angelegt wurde, Redakteurin einer Frauenzeitschrift war, später Vorsitzende des Frauenproduktions-Vereins und Mitbegründerin des Mädchengymnasiums Minerva, dem ersten dieser Art in der österreichischen Monarchie. Die drei ❽ **Wohnblocks** (**Ecke Bilkova/Elišky Krásnohorské 10–14**) aus den Jahren 1919–1921 stechen sofort ins Auge. Der Versuch, die Zweidimensionalität zu verlassen, sich von glatten Oberflächen und geraden Linien zu verabschieden, ist augenscheinlich. Eine in Stein gemeißelte Inschrift an der Fassade nennt den Architekten, es ist Otakar Novotný, dem wir als Theoretiker und Weggefährten von Pavel Janák bereits begegnet sind.

Strickmodelle in der Boutique Navarila

Wir biegen rechts in die Elišky Krásnohorské ein. Auf Nr. 4 führen ein paar Stufen in ein geräumiges Souterrain hinunter. Hier gründete Martina Nevařilová die Marke ⑨ **„Navarila“ (Elišky Krásnohorské 4/11, Tel. +420/271 742 091, www.navarila.cz, tägl. 10–9 Uhr)**, Strickmode aus wertvollen Materialien, in dezenten Farbtönen und limitierter Auflage.

An der Elišky Krásnohorské/Ecke U svatého ducha (dt. Zum heiligen Geist) liegt das Restaurant ▶ La Veranda (Elišky Krásnohorské 2/10, Tel. +420/224 814 733, www.laveranda.cz), wo nach französischen Rezepten hingebungsvoll gekocht wird. Wir gehen die U svatého ducha weiter nach vor und stoßen auf einen kleinen, namenlosen Platz. Eines der Gebäude – niedriger als die Mietshäuser rundum – ist der 1935 fertiggestellte Zubau zur Spanischen Synagoge – ein Gebäudekomplex im funktionalistischen Stil. Davor wurde 2003 das erste ▶ Franz-Kafka-Denkmal Prags enthüllt. Es stammt von Jaroslav Róna und stellt einen Torso dar, auf dessen Schultern ein Mann sitzt.

Denkmal zu Ehren Franz Kafkas

Von dem kleinen Platz gehen sternförmig Straßen weg. In zwei von den Eckhäusern befinden sich Lokale, die sich für einen Zwischenstopp gut eignen. Je nachdem, wie groß der Hunger ist, wählt man entweder das Bierlokal ▶ Kolkovna (V Kolkovně 8, Tel. +420/224 819 701, www.kolkovna.cz, tägl. 11–24 Uhr) oder das ▶ Nostress (Dušní 10, Tel. +420/222 317 007, www.nostress.cz, tägl. 10–24 Uhr), mit stressmindernden Schokotörtchen.

Nostress, spezialisiert auf Schokotörtchen

Wir setzen dann den Weg durch die Dušní fort. Das Atelier ⑩ **Bohème (Dušní 8, Tel. +420/224 813 840, www.boheme.cz)** ist nicht zu verfehlen. Hana Stocklassas Stil – klar, etwas unterkühlt, sexy – sieht man die in Schweden verbrachten Lehrjahre an. Schräg gegenüber liegt Tatiana Kovařkovás ⓫ **Boutique Tatiana** (Dušní 1, Tel. +420/224 813 723, www.tatiana.cz, Mo–Fr 10–17, Sa 11–16 Uhr). Wenig Farbe, starke Konzentration auf Schwarzweiß, Reduktion auf geometrische Formen und Asymmetrien – so präsentieren sich ihre Modelle, unter denen vor allem die bodenlangen Mäntel auffallen.

Unterkühltes Design in der Boutique Bohème

Am Ende der Dušní erreichen wir die Dlouhá, biegen hier links ab und schauen bei ⓬ **Klára Nademlýnská** (Dlouhá 3, Tel. +420/224 818 769, www.klaranademlynska.cz) vorbei. Die Preise sind hier etwas höher angesetzt, die in Paris verbrachten Jahre verlangen eben ihren Tribut.

Wärmende Drinks im Au Gourmand

In der Dlouhá befanden sich auch die Werkstätten von Artěl, der eingangs erwähnten Produktionsgenossenschaft der Kubisten. Das Viertel ist bis zu einem gewissen Grad also seiner Tradition treu geblieben. Aus der Zeit um 1900 stammt auch das mit alten Fliesen ausgelegte ▶ Au Gourmand (Dlouhá 10, Tel. +420/222 329 060, www.augourmand.cz, Mo–Fr 8–19, Sa 8.30–19, So 9–19 Uhr). Sophisticated und lässig zugleich passt sich die ehemalige Fleischerei der Klientel an, die hier gerne zum Tee Lemon Pie verspeist oder sich zu Caesar's Salad ein Glas Chardonnay gönnt.

Wir gehen die Dlouhá weiter vor und erreichen wieder einen Platz, wo mehrere Straßen zusammenlaufen (V Kolkovně, Kozí,

Immer frisch: die Zimtschnecken und Golatschen im Bakeshop

Dlouhá und Masná). Auffallend ist hier das ▶ Haus „Zum goldenen Hecht", in dem Franz Kafka zwei Jahre lang ab 1905 die Wohnung mit dem Balkon bewohnte. Die Inschrift besagt: „Über dem Haus herrscht die Hand Gottes. Es wird zum goldenen Hecht genannt."

Ecke Kozí/V Kolkovně bietet sich nochmals die Gelegenheit für einen kleinen Snack: Auf der Theke des ▶ Bakeshop Praha (Kozí 1, Tel. +420/222 316 823, www.bakeshop.cz) türmen sich Berge von Zimtschnecken, Golatschen und auch Rugelach – kleine, mit Mohn, Zimt oder Walnüssen gefüllte Kipferl. Gegründet von einer Amerikanerin, führt dieses stylishe Stehbuffet mittlerweile auch Salate, frisch gepresste Säfte und andere Wegzehrung für Fashionistas.

Qubus: Glas und Porzellan, neu interpretiert

Wir folgen dem Verlauf der Kozí und weiter dann der Haštalská. Die erste Gasse rechts, die Rámová, führt uns zum Designshop ⓭ **Qubus** (Rámová 3, Tel. +420/222 313 151, www.qubus.cz) von Maxim Velčovsky, auch er ein Absolvent der Akademie für Kunst, Architektur und Design mit sehr eigenem, fast schon schrulligem Stil. Glas und Porzellan, die klassischen Materialien des tschechischen Kunsthandwerks, setzt er auf originelle Weise ein.

Der Weg führt uns zurück zur Haštalská. Von hier, links vor der Kirche über Haštalské náměští und Anežská, sind es nur ein paar Schritte bis zum ⓮ **Agneskloster** (Klášter sv. Anežky České,

Das Agneskloster – Prags erster Bau im gotischen Stil

U Milosrdných 17, Tel. +420/224 810 628, www.ngprague.cz), Prags erstem Bauwerk in gotischem Stil. Nach aufwendiger Renovierung Ende des vergangenen Jahrhunderts zeigt die Nationalgalerie in diesen Räumen nun ihre Sammlung mittelalterlicher Kunst.

Zurück in der Haštalská, folgt auf dem Weg stadtauswärts das ▶ Hotel Maximilian (Haštalská 14, Tel. +420/225 303 111, www.maximilianhotel.com), mit dem die in Zlín geborene und in London berühmt gewordene Architektin Eva Jiřičná seit 2005 den tschechischen Art-déco-Stil wiederbelebt. In der Bibliothek liegen einschlägige Bildbände auf, und in den Vitrinen sind Designobjekte ausgestellt.

Hotel Maximilian: Prager Art-déco

Um die Tour fortzusetzen, biegen wir rechts in die Rybná ein. Die nächste Quergasse ist wieder die Dlouhá. Am Eck (Nr. 33) stellt das ▶ Traveller's Hostel (Dlouhá 33, Tel. +420/224 826 662, www.travellers.cz) seit Jahren einen bei Backpackern hoch geschätzten Stützpunkt dar, zu dem neben den Unterkünften auch das ⓯ **NoD** (Experimentální prostor Roxy,

Minimalistischer Dekor im NoD

Dlouhá 33, http://nod.roxy.cz, tägl. 14–22 Uhr) gehört, eine lässige Café-Bar im ersten Stock mit bequemen Sitzpölstern in den Fensternischen. Daran angeschlossen ist ein Frei-Raum, der für Performances und Ausstellungen genutzt wird. Im Keller schließlich befindet sich das Roxy, ein aus der Musikszene Prags nicht mehr wegzudenkender Club.

Das Lokál in der Dlouhá

Glasjalousien am Hotel Josef

Den Aspekt „Verpflegung" deckt seit kurzen das ▶ Lokál (Dlouhá 33, Tel. +420/222 316 265, www.ambi.cz, Mo–Fr 11–1, Sa 12–1, So 12– 22 Uhr) ab, es setzt, wie es scheint, Albert Einsteins Spruch „So einfach wie möglich. Aber nicht einfacher" programmatisch um (▶ S. 115).

Genau das ist es, was dieses Viertel so attraktiv macht: der Mix aus Szene, Luxus, Top-Gastronomie und Low-Budget-Angeboten.

Dann geht's die Rybná weiter. Hier gibt es noch eine Korbflechterei, die als soziales Zentrum betrieben wird, und das 2002 eröffnete erste Designhotel der Stadt, das ⓰ **Hotel Josef (Rybná 20, Tel. +420/221 700 111, www.hoteljosef.com)**, erkennbar an der Fassade mit den sich schuppenden Glasjalousien.

Der Platz vor dem Hotel formt ein Dreieck. Vis-à-vis vom Hoteleingang führt die Masná, die Fleischmarktgasse, Richtung Altstädter Ring. Zum Haus Nr. 16 pilgerte täglich der kleine Franz Kafka an der Hand der despotischen Köchin seiner Eltern, die ihm damit drohte, den Lehrern von seinen Missetaten zu erzählen. Es war seine Volksschule.

Am Eck, wo die Masná einen Knick macht, halten wir uns links und biegen dann in die erste Gasse rechts, die Týnská, ein, benannt nach der gotischen Teynkirche (▶ S. 14), an deren

Rückseite sie sich entlangschlängelt.

In dieser Gasse ist noch vieles vom mittelalterlichen Prag spürbar, mehr als auf dem nur ein paar Schritte entfernten Altstädter Ring. Eines der alten gotischen Häuser am Ende der Straße nennt sich ⑰ **Haus zum goldenen Ring** (Dům U Zlatého prstenu, Týnská 6, www.citygal lerprague.cz, Di–So10–18 Uhr). Hier befindet sich die Städtische Galerie, die beste Sammlung zeitgenössischer tschechischer Kunst. Die niederen, sorgfältig instand gesetzten historischen Räume erzeugen gemeinsam mit den Exponaten ein Spannungsfeld, das den Aufenthalt an diesem Ort sehr anregend macht. Die Galerie, deren Gründung auf Josef Mánes zurückgeht, betreibt mehrere Dependancen. Das ⑱ **Haus zur steinernen Glocke** (Dům U Kamenného zvonu, Staroměstské nám. 13, www.citygalleryprague.cz, Di–So 10–18 Uhr) auf dem Altstädter Ring gehört auch dazu. Auch das zweite Stockwerk im Altstädter Rathaus (Staroměstská radnice, Staroměstské nám. 1, 2. Stock, www.citygalle ryprague.cz, Di–So 10–18 Uhr) wird für temporäre Ausstellungen von Gegenwartskunst genützt. Hier bietet die Städtische Galerie jungen Künstlern, Abgängern der Kunstakademie, eine Plattform für deren erste Soloshow.

Über die Celetná, die Zeltnergasse, gelangen wir zur nächs-

Tschechische Gegenwartskunst im „Haus zur steinernen Glocke“

„Haus zur schwarzen Madonna“

ten Station der Tour: dem 19 **Haus zur schwarzen Madonna** (Dům u Černé Matky Boží, Ovocný trh 19, www.ngprague.cz, tägl. außer Mo 10–18 Uhr). Von Josef Gočár 1912 als Kaufhaus entworfen, dient es seit 2003 als Kubismusmuseum. Der Bau wird eher zu den moderaten Beispielen kubistischer Architektur gezählt. Mit seinen geneigten Ebenen und prismatischen Formen fügt er sich gut in das gotische und barocke Umfeld ein. Man betritt das Museum über das Stiegenhaus mit extravaganter tropfenförmiger Treppe, das auf seine Weise die Grundhaltung der Kubisten veranschaulicht: Sah Otto Wagner, der große Lehrmeister in Wien, in der modernen Architektur vor allem die Erfüllung eines Zwecks, einer Konstruktion und dann erst Poesie, so wird hier eindeutig die Kunst über den Zweck gestellt. Dieses Streben nach Eigenständigkeit, nach einem patriotischen, nationalen Ausdruck in der Kunst wird anhand der auf zwei Stockwerken präsentierten Objekte, Skizzen und Modelle anschaulich dokumentiert. Die ungewöhnlichen Formen der Schreibtische, Fauteuils und Schränke sorgen für einen Überraschungseffekt. Vieles wurde für private Auftraggeber – befreundete Künstler, Vertreter der Intelligenzija und das wohlsituierte, aufgeschlossene Bürgertum – entworfen und in den Prager Werkstätten maßgefertigt.

Grand Café Orient: kubistisches Interieur

Im ersten Stock liegt das berühmte, im Originaldesign restaurierte ▶ Grand Café Orient (Ovocný trh 19, Tel. +420/224 224 240, www.grandcafeorient.cz, Mo–Fr 9–22, Sa, So 10–22 Uhr), einer der extravaganteren Plätze, um in Prag Kaffee zu trinken. Neben dem Klavier wacht Josef Gočárs Büste über das Geschehen im Raum. Die Karte wartet mit so verlockenden Dingen wie „Kaiserka", Kaisersemmel mit Prager Schinken und Gurkerl, oder Schokoroulade mit warmen Pflaumen und Schlagobers auf.

Beim Verlassen des Gebäudes kommt man nicht umhin, einen Blick in den Museumsshop ▶ Kubista (Ovocný trh 19, Tel.

+420/224 236 378, www.kubista.cz, Di–So 10–18.30 Uhr) zu werfen. Auch hier finden sich Repliken der Ikonen des Kubismus, angefangen von Möbeln über Porzellan-, Glas- und Keramikobjekte bis zu Stoffen und Geschenkpapier.

Repliken kubistischer Möbel im Modernista-Shop

Übrigens: Die Zwillingsschwester von Kubista heißt ▶ Modernista (Celetná 12, Tel. +420/224 241 300, www.modernista.cz, tägl. 11–19 Uhr). Wer also auf der Suche nach einem Souvenir noch nicht fündig geworden ist, macht schnell einen Sprung dorthin zurück.

Nach diesem Abstecher setzen wir die Tour fort und spazieren über den Ovocný trh, den ehem. Obstmarkt, nach vor zum ehem. deutschen Ständetheater (Stavovské divadlò), dem heutigen ⑳ **Tyl-Theater** (Ovocný trh 1, www.narodni-divadlo.cz, Tel. +420/224 902 231). Hier fand am 29. Oktober 1787 die Uraufführung von Mozarts „Don Giovanni" statt. Er selbst saß am Klavier und musizierte. Das Gebäude, eine Privatinvestition des Grafen Nostitz, war erst kurz davor, 1783, seiner Bestimmung übergeben worden. Man kann es heute im Rahmen geführter Touren besichtigen. In dem neoklassizistischen Interieur siedelte Miloš Forman einige Szenen seines Mozart-Films an. Der ▶ „Leere Mantel", die seit dem Jahr 2000 neben dem Hauptportal postierte beklemmende Bronzeskulptur von Anna Chromy, spielt auf den Frauenhelden an.

Im Tyl-Theater ist Mozart aufgetreten

Nur ein schmaler Fußgängerweg trennt die Westseite des Theaters von der 1348 gegründeten Prager Universität (▶ S. 23). Das ㉑ **Karolinum** (Ovocný trh 3) – in dem heute keine Vorlesungen, sondern nur mehr akademische Feiern stattfinden – verdankt sein heutiges Aussehen dem Architekten Jaroslav Frag-

Karolinum – die Karlsuniversität, 1348 gegründet

ner (▶ S. 56), einem Schüler Josef Gočárs. In der Verlängerung des Ovocný trh folgt die Rytířská. Zusammen bilden sie eine Art Boulevard, gesäumt von historischen Barockhäusern mit schicken Geschäften und Bars.

Kubistische Straßenlaterne von Emil Králíček

Am Uhelný trh (Kohlmarkt) biegen wir links in die Perlová ein, um kurz die berühmte kubistische ㉒ **Straßenlaterne von Emil Králíček** zu würdigen. Sie liegt ziemlich versteckt in einem Winkel des Jungmannplatzes und fristet ein eher bescheidenes Dasein, obwohl ihr niemand natürlich den Rang eines echten Denkmals streitig machen würde. 1913 errichtet, nimmt sie die „Unendliche Säule" des Bildhauers Constantin Brancusi vorweg und tauchte in den 1990er-Jahren sogar auf MTV in einem Videoclip von Jan Hammer auf.

Die nächste Station heißt ㉓ **Timoure & Group** (Martinská 4, Tel. +420/224 240 737, www.timoure.cz), ein Shop in der Verlängerung der Retyřská. Das Designerduo gehört der Gruppe der 8 an, ist aber aus dem jüdischen Viertel vor einiger Zeit hierher übersiedelt. Was hier unspektakulär auf einer Kleiderstange hängt, ist Prêt-à-porter im wahrsten Sinne des Wortes: Dinge, die man anprobiert und am liebsten nicht mehr ausziehen möchte.

Ein paar Häuserblocks weiter mündet die Martinská in die Na Perštýně (Bernsteingasse), wo sich rechts ein spätes Beispiel kubistischer Architektur befindet: der 1922 fertiggestellte ㉔ **Verwaltungspalast** (Administrativni Palác, Na Perštýně 11). Er weist ein markantes Portal mit schrägen Linien und spitzen Winkeln auf. Die monumentalen Figuren an der Fassade passen aber eher in die Zeit des sozialistischen Realismus und sehen so aus, als wären sie später hinzugefügt worden. Das mutmaßt zumindest ein tschechischer Blogger.

Später hinzugefügt? Monumentalfiguren an der Fassade

Von Na Perštýně zweigt links die Bartolomějská ab (► S. 70), die wir jetzt vorgehen. Hier stehen wir vor ㉕ **Leeda** (Bartolomějská 1, Tel. +420/775 601 185, www.leeda.cz, Mo–Fr 11–19 Uhr), dem Shop mit den wohl originellsten Outfits der Stadt. Lucie Kutálková und Lucie Trnková, zwei Absolventinnen der Akademie für Kunst, Architektur und Design, eröffneten hier ihren Flagshipstore. Ihre in limitierter Auflage erzeugten Modelle sind bei den Mittdreißigern sehr beliebt, es sind Unisex-Teile, die immer auch etwas Verspieltes aufweisen, sei es der Farbton oder das Motiv.

Junges Design bei Leeda

Am Rückweg durch die Bartolomějská folgt linker Hand ein schmales Gässchen, das man leicht übersehen könnte. Der Name „Průchodní“ bedeutet Durchgang, es ist ein Schlupfloch, das Eingeweihte direkt zur Konviktská führt, wo auf Nummer 30 die bunten Sneakers in der Auslage von ㉖ **Botas** (Konviktská 30, Tel. +420/224 281 148, www.botas.cz, tägl. 11–20 Uhr) sofort die Blicke auf sich ziehen. Die Erfolgsstory von Jakub Korouš und Jan Kloss – auch sie zwei Abgänger der Akademie – hört sich wie ein postkommunistisches Märchen an. Mit ihrer Abschlussarbeit gelang dem Duo der Relaunch einer Marke, die in den 1970er-Jahren, als es in der Tschechoslowakei weder Puma noch Adidas noch Nike zu kaufen gab, jedermann ein Begriff war. Durch starke Farbkombinationen gaben sie den legendären Tretern einen neuen, viel gefeierten Auftritt und schufen zugleich ihr eigenes Label.

Průchodní – Durchgang zwischen den Häusern

Botas: Relaunch eines Klassikers

Die Konviktská mündet auf den Betlehemplatz (Betlémské náměstí), der seinen Namen von der durch die Predigten des Jan Hus berühmt gewordenen Kapelle hat (▶ S. 71). Die Fassade weist keinerlei Dekor auf und ist dadurch schon so etwas wie ein Bekenntnis zur Freiheit der Gedanken. Den Eingang erreicht man rechts über einen kleinen Vorplatz. Der Saal zeigt alte Fresken an den Wänden und dient für akademische Feiern. Im ersten Stock des Nebengebäudes befindet sich die ㉗ **Galerie Jaroslav Fragner** (Betlémské nám. 5a, www.gjf.cz, Di–So 11–19 Uhr), die erste Anlaufstelle für Architekturinteressierte in der Stadt. Fragner hatte sich in den 1950er-Jahren auf die Restaurierung historischer Bauten spezialisiert, auch die Betlehemkapelle, so wie sie sich heute darstellt, zählt zu seinen Werken. Im Erdgeschoß erstreckt sich das Universum von ㉘ **Futurista** (Betlémské nám. 5a, Tel. +420/725 128 660, www .futurista.cz/en, Di–So 10–18.30 Uhr), ein inspirierende Ort, angesiedelt zwischen Buchgeschäft, Designshop und Galerie. Eine

Futurista: Designshop und Galerie

Tafel verweist auf den ► Klub der Architekten (Klub architektů, Betlémské nám. 5a, Tel. +420/602 250 082, www.klubarchitektu.com, Mo–Fr 11.30–24 Uhr), ein Restaurant im Kellergewölbe mit entspannter Atmosphäre und einem Speisenangebot, das neben Standardgerichten auch neu interpretierte Klassiker der tschechischen Küche enthält.

Der Betlehemplatz stellt ein langgestrecktes Ensemble dar, das an seinem oberen Ende rechts in die Náprstkova übergeht. Hier liegt abseits von den lauten und lichtüberfluteten Shoppingmalls die Boutique von Denisa Nova, ㉙ **BDN** (Náprstkova 4, Tel. +420/222 221 342, www.denisanova.cz, Di–Fr 10–19, Sa, So 10–18 Uhr), unter Insidern die allererste Adresse der Stadt. Der BDN-Stil ist unterkühlt – die Modelle sind großteils in Schwarzweiß oder Grautönen gehalten und erfordern wegen ihres Minimalismus von der Trägerin sehr viel Selbstbewusstsein. „Collection Zero" nannte sich 2010 eine Denisa Nova gewidmete Personale im DOX (► Infoteil, S. 131), die ihre Arbeiten an der Schnittstelle zwischen Mode und Kunst ansiedelt.

Galerie Zdeněk Sklenář, Gegenwartskunst

Mit einem Bummel entlang des Moldaukais (Smetanovo nábřeží) – zu erreichen, indem man die Náprstkova stadtauswärts bis an ihr Ende geht – setzt nun die letzte Etappe der Tour ein.

Kurz vor Erreichen der Brücke most Legií wechseln wir auf die andere Straßenseite und stehen vor der ㉚ **Galerie Zdeněk Sklenář** (Smetanovo nábřeží 4, Tel. +420/224 218 528, www

Das Tanzende Haus von Frank O. Gehry

Mánes-Ausstellungshalle von Otakar Novotný

.zdeneksklenar.com, Mi–Sa 13–18 Uhr). Hier einfach vorbeizugehen, ohne hineinzuschauen, wäre schade. Es gibt kaum einen Ort, der sich besser eignen würde, sich mit der zwischen 1930 bis 1989 entstandenen tschechischen Malerei vertraut zu machen. Als Neffe des berühmten Surrealisten und Buchillustrators gleichen Namens hat Zdeněk Sklenář die Entwicklungen der letzten Jahrzehnte genau mitverfolgt. Neuerdings wurde ein zweiter, angrenzender Raum dazugemietet, wo Gegenwartskunst aus dem In- und Ausland präsentiert wird.

Bei einem Grog im ▶ Café Slavia (Smetanovo nábřeží 2, Tel. +420/224 218 493, www.cafeslavia.cz, Mo–Fr 8–24, Sa, So 9–24 Uhr) klingt die Tour aus. Die raumhohen Fenster geben den Blick auf das Nationaltheater (▶ S. 107) frei. Zwischen dem Neorenaissancebau und der Nová Scéna, seinem postmodernen Ableger, tut sich eine Sichtachse auf. Ganz am Ende ist das **31 Tanzende Haus** (**Tancici dům, Rašínovo nábřeží 80**) von Vladimir Milunic und Frank O. Gehry zu sehen, davor die **32 Mánes-Ausstellungshalle** (**Masarykovo nábřeží 250**). Das im Stil des Funktionalismus errichtete Kunst-Haus entstand 1930. Es ist ein Werk von Otakar Novotný und dokumentiert, wie kurz die Phase des tschechischen Kubismus in der Architektur eigentlich war. Es dauerte keine 15 Jahre, bis die Forderung nach „Dramatisierung der Ausdrucksmittel" der reinen Abstraktion gewichen war. Zu Redaktionsschluss im Sommer 2012 war die Mánes-Ausstellungshalle wegen Renovierung geschlossen.

Auf dem Weg zur Samtenen Revolution

Ausgangspunkt: Hauptbahnhof (Wilsonova)
Endpunkt: Nerudova

Unbedingt hingehen:
- ★ Bahnhof, historische Halle
- ★ Jan-Palach-Gedenkstein
- ★ Palác Adria
- ★ Franz Kafka Museum
- ★ John Lennon Peace Wall

Die Route: (❶ Hauptbahnhof/Hlavní nádraží, alte Bahnhofshalle) – Vrchlického sady (❷ Wilsondenkmal) – Opletalova – Politických vězňů – Jiří-Grossmann-Passage – Wenzelsplatz/Václavská náměstí (❸ Nationalmuseum, ❹ Wenzelsdenkmal, ❺ Gedenkstein Palach/Zajíc) – Ve Smečkách (❻ Činoherní klub) – Wenzelsplatz/Václavské náměstí (❼ Melantrich-Gebäude, ❽ Hotel Europa) – Abstecher Na příkopě (❾ Kommunismusmuseum) – 28. října – Jungmannplatz/Jungmannova náměstí (❿ Palác Adria) – Národní třída (⓫ Kaňka-Haus) – Na Perštýně – Bartolomějská – Průchodní – Betlehemplatz/Betlémské náměstí (⓬ Betlehemkapelle) – Náprstkova – Annaplatz/Anenské náměstí (⓭ St.-Anna-Kirche, ⓮ Theater am Geländer) – Na zábradli – Smetanakai/Smetanovo nábřežií (⓯ Famu) – Národní třída – Brücke der Legionen/most Legií – Vítězná – Újezd (⓰ Denkmal der Opfer des Kommunismus) – Vítězná – Janákovo nábřeží – Malostranská nábřeží – U Sovových mlýnů (⓱ Museum Kampa) – Na Kampě – U lužického semináře – Cihelná (⓲ Franz Kafka Museum) – U lužického semináře – Saská – Lázeňská – Malteserplatz/Maltézské náměstí – Großpriorplatz/Velkopřevorské náměstí (⓳ John Lennon Peace Wall) – Malteserplatz/Maltézské náměstí – Prokopská – Karmelitská – Malostranské náměstí – Tržište – Vlašská (⓴ Deutsche Botschaft) – Nerudova

Die Route startet am ❶ **Hauptbahnhof** (U-Bahn-Linie C, Station Hlavní nádraží) und befasst sich mit der jüngeren Geschichte, dem Zeitgeschehen seit Beginn des 20. Jahrhunderts, geprägt von den Ereignissen der Jahre 1918, 1939, 1949, 1968 und 1989. Der Hauptbahnhof wurde im Jahr 1871 eröffnet und ist deshalb bemerkenswert, weil er aus zwei Teilen besteht. Er

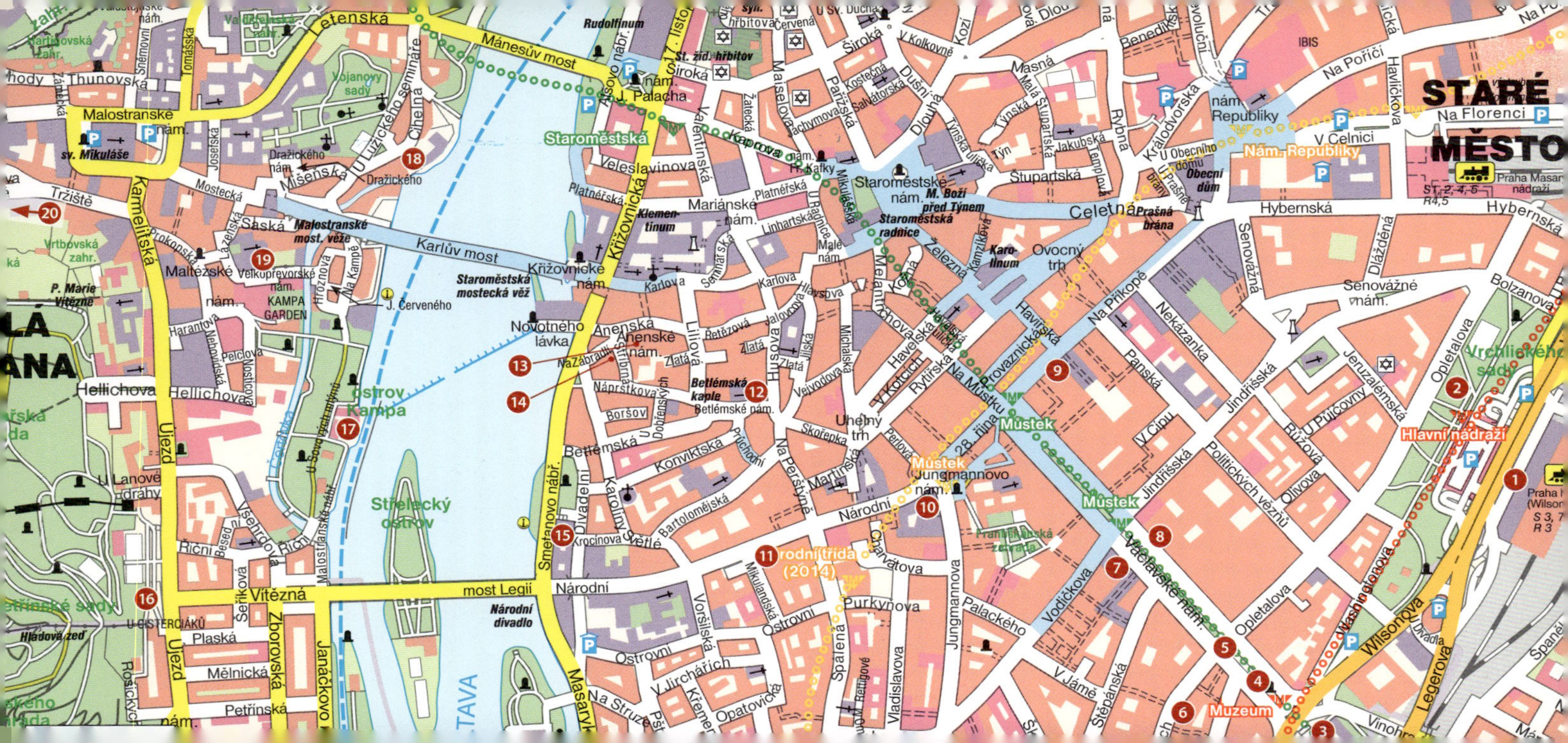

STARÉ MĚSTO
Hlavní nádraží
Nám. Republiky
Muzeum
Můstek
Václavské nám.
Na Příkopě
Celetná
Prašná brána
Obecní dům
Staroměstské nám.
Staroměstská radnice
M. Boží před Týnem
Karolinum
Klementinum
Staroměstská
Betlémská kaple
Národní třída (2014)
Národní divadlo
Karlův most
Staroměstská mostecká věž
Malostranské most. věže
Mánesův most
most Legií
Střelecký ostrov
ostrov Kampa
KAMPA GARDEN
Rudolfinum
St. žid. hřbitov
Malostranské nám.
sv. Mikuláše
Vojanovy sady
Vrchlického sady
Hladová zeď
Újezd
Karmelitská
Tržiště
Letenská
Wilsonova
Legerova
Jungmannova
Vodičkova
Spálená
Smetanovo nábř.
Křižovnická
Pařížská
Dlouhá
Havlíčkova
Hybernská
Senovážné nám.
Jindřišská
Politických vězňů
Opletalova
Vítězná
Zborovská
Janáčkovo nábř.

Hlavní nádraží – der Hauptbahnhof

trägt den historischen Altbau wie ein antikes Schneckenhaus mit sich, als einen vom Kommen und Gehen der Passagiere unberührten Ort, der noch nicht zum Museum erstarrt ist, an dem man sich immer noch aufhalten kann, ohne irgendwelche Gebühren entrichten zu müssen. Die ein, zwei Tischchen vor dem zum Buffet umfunktionierten ehemaligen Schalter sind meistens besetzt, und zwar nicht unbedingt von Menschen, die hier die verblichene Jugendstilpracht bewundern wollen, sondern von solchen, denen anzumerken ist, dass sie immer hier ihren Kaffee getrunken haben und diesen Ort den blitzblanken, lichtüberfluteten Lokalen der neuen Bahnhofshalle vorziehen. Der Charme der alten Bahnhofshalle kommt daher, dass ihr noch keine genaue Bestimmung zugedacht ist, sie besteht im undefinierten, urbanen Vakuum einfach weiter.

Die historische Halle – zu erreichen, indem man sich, von der U-Bahn kommend, rechts hält, durch die Shoppingmall geht, die Rolltreppe hinauffährt und weiter dem Leitsystem folgt – beeindruckt durch die hohe Kuppel, die das Licht filternden Jugendstilfenster, den olivgrünen bzw. ockergelben Farbton der Wände, den abblätternden Anstrich. Zwei symmetrisch angebrachte Porträts zieren die Wände. Es sind zwei Männer, die sich stumm anblicken: Franz Joseph, der Kaiser, und Josef Fanta, der Architekt, der für den Umbau 1901–1909 verantwortlich war. „Praha mater urbium" – „Prag, Mutter aller Städte" steht in der Rosette über dem Torbogen. Darüber eingelassen in ein golden schimmerndes Mosaik das Datum: „28. říjen 1918" (28. Oktober 1918). An diesem Tag akzeptierte die österreichisch-ungarische Regierung Präsident Woodrow Wilsons Bedingungen für die Beendigung des Krieges und bot den sofortigen Waffenstillstand

an. Dieser Tag gilt offiziell als Gründungstag der Ersten Tschechoslowakischen Republik. Neben dem Porträt des Kaisers wirkt die später hinzugefügte Jahreszahl eigenartig anachronistisch.
Wir verlassen den Bahnhof über die zentrale, teilweise in den Hang hinein gebaute neue Eingangshalle und befinden uns in einer quer verlaufenden Grünanlage, eher ein Grünstreifen, der Rest dessen, was einst der wunderschöne Stadtpark war, mit seinem Teich, seiner Insel und dem künstlichen Fels mit dem Wasserfall.
Zwischen den Bäumen erhebt sich eine ❷ **Statue.** Sie zeigt den amerikanischen Präsidenten **Woodrow Wilson,** den geistigen Vater der politischen Neuordnung in Europa nach 1918. Auf sein Programm über das Selbstbestimmungsrecht der Völker beriefen sich sowohl Slowaken, als auch Tschechen, als sie ihren eigenen Staat gründeten.

Café in der historischen Halle des Bahnhofs

Der Bahnhof, der ursprünglich Franz-Josephs-Bahnhof hieß, wurde in Wilson-Bahnhof (Wilsonovo nádraží) umbenannt und dem amerikanischen Präsidenten 1928 hier ein Denkmal errichtet. Als 1939 die Tschechoslowakei von Hitler besetzt und als „Protektorat Böhmen und Mähren" dem Deutschen Reich einverleibt wurde, rissen die Nazis das Standbild nieder. Nach dem kommunistischen Umsturz 1949 wurde es nicht wieder aufgestellt. Erst 2010 enthüllte Staatspräsident Václav Klaus hier erneut ein Denkmal.
Kennzeichnend für Prag ist, dass es sowohl zu Beginn als auch am Ende des 20. Jahrhunderts Schauplatz eines unblutigen Machtwechsels war. In beiden Fällen (1918 und 1989) etablierte sich an der Spitze des Staates ein Mann, der nicht dem gängigen Typus des (Macht-)Politikers entsprach: Wie Tomáš Garrigue Masaryk war auch Václav Havel in erster Linie Philosoph und Humanist. In den Jahren 1939 bis 1989, als nacheinander zwei Terrorregime herrschten – erst die Nazis, dann die Kommunisten –, tritt wieder ein kennzeichnen-

Der moderne Bahnhof, 2004 zugebaut

des Merkmal zutage: der Widerstand der Prager Bevölkerung. Prag hat sich der Gewaltherrschaft nie stumm ergeben. Am 28. Oktober 1939, dem zehnten Jahrestag der Republikgründung, kam es zu Demonstrationen gegen die deutsche Besatzung. Der Medizinstudent Jan Opletal wurde dabei schwer verwundet und starb wenige Wochen später. Sechzig Jahre danach, im November 1989, als Prag während einer Kundgebung seiner gedachte, sprang der Funke über und löste die „samtene Revolution" aus. Nicht immer war der Widerstand gewaltfrei. Im Mai 1945 brach in dem Viertel, wo wir uns gerade befinden, spontan ein Aufstand der Bürger aus. Barrikaden wurden errichtet und es tobten heftige Kämpfe gegen die Truppen der deutschen Wehrmacht. Im Straßenbild erinnern Tafeln mit den Namen der Gefallenen an die Opfer des Maiaufstandes.

Die Querstraße mit den schönen, repräsentativen Häusern, in die wir nun links einbiegen, ist die Opletalova, benannt nach Jan Opletal. Auf der Höhe des ehemaligen Neuen Deutschen Theaters und heutigen Opernhauses (▶ S. 95) geht rechts die Politických vězňů ab, die „Straße der politischen Gefangenen". Ihr Name erinnert daran, dass hier einmal das Hauptquartier der Gestapo war. Ende 1989, kurz vor Ausbruch der Samtenen Revolution, haben junge Leute diesen Ort gewählt, um gegen das KP-Regime zu protestieren.

Auf Nr. 14 nehmen wir die nach dem Dichter, Songwriter und Dramatiker Jiří Grossmann (1941–1971)

Woodrow Wilson: Verfechter des Rechts auf Selbstbestimmung

Dependance des Nationalmuseums, einst Sitz von Radio Free Europe

Das Nationalmuseum im Stil der Neorenaissance

benannte Passage zum Wenzelsplatz. Der war früher einmal der Rossmarkt, einer der vier großen Plätze der Neustadt. Sein heutiges Aussehen erhielt er im Wesentlichen zwischen 1890 und 1930. Den oberen Abschluss bildet das ❸ **Nationalmuseum** (Národní muzeum, Václavské nám. 68, Tel. +420/224 497 111, www.nm.cz, Okt. bis April tägl. 9–17, Mai bis Sept. 10–18 Uhr), das bei Redaktionsschluss im Sommer 2012 wegen Renovierung geschlossen war. Errichtet von Josef Schulz, dem Architekten des Rudolfinums (▶ S. 41), sollte der 1890 fertiggestellte Neorenaissancebau Abbild nationaler Größe sein. Tatsächlich waren es nicht so sehr die mineralogischen, archäologischen, anthropologischen oder numismatischen Sammlungen, die Besucher hierherein lockten, sondern vielmehr das extravagante Interieur mit seinen monumentalen Stiegenaufgängen. Unmittelbar dahinter liegt ein moderner Bau mit interessanter Vergangenheit. Ursprünglich als Prager Börse errichtet (Jaroslav Rössler, 1935), erhielt er in den 1970er-Jahren einen quadratischen Aufsatz und diente als Föderalparlament der ČSFR. Nach der Wende war er Sitz des von den US-Behörden finanzierten Radio Free Europe (*www.rferl.org*), jenem Sender, der den gesamten Ostblock mit Nachrichten versorgte und Andersdenkenden wie Dissidenten als wichtigste Informationsquelle diente. Als Radio Free Europe in den Bezirk Hagibor (Prag 10) übersiedelte, wurde der schachtelförmige Bau zur Dependance des Nationalmuseums (Vinohradská 1, www.nm.cz, tägl. 10–18 Uhr).

Die Wilsonova, die Schnellstraße direkt vor dem Museum, hieß bis 1990 „Straße des siegreichen Februar", gemeint war jener Februar des kommunistischen Umsturzes 1948. Unmittelbar darunter erhebt sich das ❹ **Denkmal des heiligen Wenzel** (Svatý Václav), eines Fürsten aus der Dynastie der Přemysliden, der 929 (oder 935) Opfer einer Verschwörung wurde, die sein Bruder angezettelt hatte. In der Folge nahm die Zahl der Wunder, die ihm zugeschrieben wurden, stetig zu, und es verfestigte sich sein Image als Retter der Nation, als idealer Herrscher, als Landespatron und Beschützer Böhmens. Kein Wunder also, dass im Revolutionsjahr 1848 – als man sich auch in Böhmen gegen die Habsburger Zentralmacht auflehnte – der „Rossmarkt" in Wenzelsplatz umbenannt wurde. Das Denkmal schuf der berühmte Bildhauer Josef Myslbek. Es wurde 1912 errichtet und zeigt den Landespatron als streitbaren Ritter.

Näher an der Realität des idealen Herrschers war Tomáš Garrigue Masaryk. Nachdem am 28. Oktober 1918 ein unblutiger Staatsstreich der fast 300 Jahre währenden Herrschaft der

Der Wenzelsplatz/Václavské nám.: Kulisse politischer Umwälzungen

Habsburger ein Ende bereitete, wurde der aus einfachen Verhältnissen stammende Masaryk zum Präsidenten gewählt.

Fünfzig Jahre später, am 21. August 1968, tauchten in den Morgenstunden russische Panzer hier auf und setzten dem Prager Frühling ein jähes Ende. Alexander Dubček, der die Reformen eingeleitet hatte, wurde noch am selben Tag verhaftet und nach Moskau gebracht. Von neuem brach eine politische Eiszeit an, zahlreiche Menschen verließen die Tschechoslowakei oder gingen in die innere Emigration. Aus Protest gegen die Invasion nahm sich Jan Palach, ein 21-jähriger Student, hier auf diesem Platz das Leben, indem er sich mit Benzin überschüttete und anzündete. Etwa einen Monat später tat es ihm Jan Zajíc gleich.

Gedenkstein für Jan Palach und Jan Zajíc

Beiden ist etwa 50 Meter unterhalb des Reiterstandbilds ein ❺ **Gedenkstein** gewidmet. Die Totenmaske Jan Palachs diente als Vorlage für das Bronzedenkmal, das 1990 an der Philosophischen Fakultät am heute offiziell nach ihm benannten Platz angebracht wurde (► S. 42). Seit 2012 gibt es ein Multimediaprojekt *(www.janpalach.cz)*, das laufend aktualisiert wird.

Blickt man heute auf die leicht abfallende, langgezogene Fläche, die eher einer Avenue als einem Platz gleicht, so scheinen die symmetrisch angeordneten, schön restaurierten Häuser einander über das Grün der Rasenfläche hin anzulächeln, ja anzustrahlen. Im Licht der Sonne wirkt alles reingewaschen und losgelöst von den historischen Ereignissen. In ihrer Ebenmäßigkeit erzeugen die Fassaden eine gewisse Kontinuität, ein Fließen. Kein Haus tritt besonders hervor, es gibt auf diesem Platz keine weltliche oder kirchliche Instanz, die durch ein herausragendes Gebäude vertreten wäre, keine Kathedrale, kein Schloss, keinen Triumphbogen oder Turm. Der Raum zwischen den Häuserzeilen gehört dem Volk.

Auch ein Teil der Ereignisse, die im November 1989 zum Fall des kommunistischen Regimes geführt haben und, weil sie gewaltfrei vor sich gegangen sind, „samtene Revolution“ genannt werden, fanden hier statt. Auslöser war am 17. November die Demonstration anlässlich des 50. Jahrestages der Ermordung Jan Opletals. Rund 15.000 Studenten nahmen daran teil. Das Treffen war von den kommunistischen Behörden genehmigt worden und endete im Stadtteil Vyšehrad. Trotz der Polizeiaufrufe löste sich die Menschenmenge nicht auf, der Protestmarsch setzte sich in Richtung Prager Zentrum fort, erreichte den Wenzelsplatz jedoch nicht. In der Národní třída, der Nationalstraße (► S. 70), schritt die Polizei mit Schlagstöcken brutal ein, rund 600 Menschen wurden verletzt. Als Reaktion darauf riefen tags darauf Studenten zu einem zeitlich unbegrenzten Streik auf. Schauspieler der Prager Theater schlossen sich ihnen spontan an.

Činoherní klub: Hier wurde das Bürgerforum gegründet

Am nächsten Tag, dem 19. November 1989, wurde im ❻ **Činoherní klub** (Schauspielklub-Theater, Ve Smečkách 26, Tel. +420/296 222 123, www.cinoherniklub.cz), gleich in der Nähe des Wenzelsplatzes, das Bürgerforum (Občanské fórum) gegründet, dem oppositionelle Menschenrechtsgruppen, Vertreter der Kirche und der „Charta 77" angehörten.

Melantrich-Gebäude: Schauplatz der Samtenen Revolution

Etwas weiter unten, auf der gleichen Seite des Platzes, liegt auf Nr. 36 das ❼ **Melantrich-Gebäude,** einst ein großes, nach dem böhmischen Buchdrucker Georg Melantrich von Aventin (1511–1580) benanntes Verlagshaus, heute im Besitz einer britischen Kaufhauskette. Am 24. November 1989 standen Hunderttausende hier dicht gedrängt. Am Balkon des Hauses erschien Alexander Dubček, der legendäre Held des Prager Frühlings, und zeigte sich nach zwanzig Jahren im Untergrund wieder in der Öffentlichkeit.

Nach Dubček sprach Václav Havel zur Menge. Es folgten weitere Redner, und am Ende kam es zu einer spontanen Reaktion der Menschen auf dem Wenzelsplatz. Sie nahmen ihre Schlüssel aus den Taschen und schüttelten sie. Dreihunderttausend Schlüsselbunde klirrten und brachten eine wortlose Botschaft an die Machthaber zum Ausdruck: Eure Zeit ist abgelaufen! Tretet zurück! In den darauffolgenden Tagen und Wochen setzten sich die Demonstrationen fort, an den Unis und in den Theatern wurde gestreikt, während das Bürgerforum – vertreten durch Václav Havel – Verhandlungen mit der Regierung führte. Immer wieder bildeten die symmetrisch einander gegenüberliegenden Häuser Felswände, Wände aus Stein, die die Volksstimme wie ein gewaltiges Echo widerhallen ließen: „Havel na Hrad!", „Havel na Hrad!" („Havel auf die Burg!") war einer der Rufe. Am 29. Dezember 1989 war mit der Wahl Václav Havels zum Präsidenten eine Etappe des Demokratisierungsprozesses vollzogen, und noch am gleichen Tag beendeten die Studenten ihren Streik. Das Präsidentenamt wollte der Dichter und Dissident zunächst nur interimsmäßig ausüben, es wurden dann 13 Jahre. Gewohnt hat Havel aber weiterhin in seiner Privatwohnung und nicht auf der Burg, auch als Präsident ist er Dissident geblieben und hat vorgelebt, wie politische Utopie Realität werden kann. Bei der Nachricht von seinem Tod am 18. Dezember 2011 strömten die Menschen wieder auf den Wenzelsplatz und überdeckten die Pflastersteine mit Blumen. Als sie zu verwelken begannen, wurden sie auf ein Schiff geladen und über die Moldau und die Elbe bis zum Meer geschickt. Mit den Geschehnissen von 1989 eng verbunden ist auch das **8 Hotel Europa** **(Václavské nám. 25, Tel. +420/224 215 387,**

Hotel Europa

www.evropahotel.cz). Viele der ausländischen Journalisten, Fernsehteams und Rundfunkkorrespondenten waren dort einquartiert und berichteten von den Ereignissen. Vor dem Fernsprecher neben der Rezeption des Hotels standen sie Schlange und diktierten ihre Berichte ins Telefon.

Das „Europa" ist eines der wenigen, um 1900 erbauten Grandhotels von Prag, die noch nicht renoviert wurden. Die Luster sind reinster Jugendstil, die Vorhänge und Neonröhren tragen den Stempel des realen Sozialismus.

Aus den 1930er-Jahren stammt das Schuhgeschäftsgebäude ▶ Bat'a (Václavské nám. 6, Tel. +420/224 218 133, www.bata.cz). Es muss, als es eröffnet wurde, eine Attraktion gewesen sein. Vier Schnelllifte beförderten die Kunden in die gewünschten Etagen, auch heute lohnt eine Fahrt ins oberste Stockwerk wegen des sensationellen Ausblicks.

Biegt man rechts in den Graben ein, so bietet sich auf Nr. 10 Gelegenheit, die kommunistische Ära anhand von Originalobjekten (vom Feuerzeug bis zur Konservendose) Revue passieren zu lassen. Das private ❾ **Kommunismusmuseum** (Muzeum komunismu, Na příkopě 10, Tel. +420/224 212 966, www.muzeumkomunismu.cz, 9–21 Uhr) entstand auf Initiative des umtriebigen Amerikaners Glenn Spiker, der es rechtzeitig verstand, auf den „Ostalgie-Zug" aufzuspringen und hier das Alltagsleben und den politischen Terror jener Zeit nachzuzeichnen versucht.

Museum of Communism, eine amerikanische Idee

Nach diesem Abstecher führt der Weg zurück über den Graben zur „Straße des 28. Oktober", 28. října – benannt nach dem Tag, an dem 1918 in Prag die Erste Tschechoslowakische Republik ausgerufen wurde –, und von hier weiter zum Jungmannplatz (Jungmannova nám.).

Das auffälligste Gebäude auf diesem Platz ist der ❿ **Palác Adria** (Jungmannova 31). Hier hat das Bürgerforum 1989 allabendlich seine Pressekonferenz abgehalten und den Stand der Verhandlungen mit den kommunistischen Machthabern bekanntgegeben. Auf dem Jungmannplatz, vor dem Österreichischen Kulturforum, mit der Silhouette Josef Jungmanns (▶ S. 103) im Rücken, standen die Fernsehreporter und sprachen ins Mikrofon, gefilmt von den Kameraleuten ihrer jeweiligen Sender. Das ▶ Café Adria (Kavárna Adria, Národní 36, Tel. +420/774 458 557, http://caffeadria.cz, Mo–Fr 8–23, Sa, So 9–23 Uhr) im ersten Stock hat eine Terrasse, von wo aus man im Sommer den Platz gut überblicken kann.

Palác Adria, hier versammelte sich 1989 das Bürgerforum

Wir setzen die Tour nun durch die Nationalstraße (▶ S. 67) fort.

Im Laubengang des ⓫ **Kaňka-Hauses** (**Národní třída/Ecke Mikulandská**) erinnert eine **Bronzetafel** an die Ereignisse des 17. November 1989. Sie zeigt eine Hand mit zum Victoryzeichen erhobenen Fingern. Jedes Jahr am Gedenktag werden unter dem Denkmal Kerzen angezündet. Der 17. November (17 listopad) ist in der Tschechischen Republik heute ein Nationalfeiertag. Nach diesem Tag wurde auch die Straße, die parallel zum Moldaukai verläuft, benannt.

Gedenktafel in der Národní třída

Wir wechseln die Straßenseite und gehen ein Stück zurück bis zur Quergasse Na Perštýně.

Von hier geht links die Bartolomějská ab – eine Gasse, die in den Jahren des Terrors Beklemmung und Angst auslöste. In dem Polizeigebäude (kriminalisticesky ustav) auf Nr. 12 fanden Verhöre statt. Nr. 9 war in früheren Jahren ein Nonnenkloster und wurde zwischen 1950 und 1989 zum Gefängnis für politisch Verfolgte. Auch Václav Havel wurde hier festgehalten. Der 2004 gedrehte Dokumentarstreifen

„Občan Havel" (Bürger Havel) zeigt seine ehemalige Zelle. Damals wurde das Haus als „Pension Unitas" geführt, zwei Jahre später verwandelte es sich in ein ▶ Boutique-Hotel (Bartolomějská 9, Tel. +420/224 230 533, www.unitas.cz) und erstrahlt heute in unschuldigem Weiß.

Bethlehemkapelle: Symbol des Widerstands

Zurück durch die Bartolomějská, folgt bald schon linker Hand ein schmales Gässchen. Der Name „Průchodní" bedeutet Durchgang, es ist ein Schlupfloch und führt uns auf den Betlehemplatz, der seinen Namen von der durch die Predigten des Jan Hus, eines, wenn man so will, frühen Vorläufers des Protests, berühmt gewordenen ⓬ **Bethlehemkapelle** (▶ S. 56) hat.

Über die Náprstkova gelangen wir zum Anenské náměstí, dem Annaplatz. Die seit langem schon aufgelassene ⓭ **St.-Anna-Kirche** (Smetanovo nábřeží 24) wurde 2003 durch die von Havel ins Leben gerufene Stiftung „Vision 97" zu einem Begegnungszentrum umgestaltet.

Einen Steinwurf davon entfernt liegt das ⓮ **Divadlo Na zábradlí** („Theater am Geländer", Anenské nám. 5, Tel. +420/222 868 868, www.nazabradli.cz), wo Havel als Bühnentechniker arbeitete, später auch als Dramaturg und Autor. Zentrales Thema seiner in der Tradition des absurden Theaters stehenden Stücke ist die menschliche Identität – und wie Macht, Staat und äußere

Divadlo Na zábradlí: Hier feierte Václav Havel sein Debüt

Beim Annaplatz

Umstände sie beeinflussen. Bis zum Fall des Regimes stand er unter permanenter Beobachtung durch den Geheimdienst, schrieb unter dem ständigen Druck, sein Manuskript könnte bei einer Hausdurchsuchung konfisziert werden. Immer musste er damit rechnen, eingesperrt zu werden, was zuletzt im Februar 1989 geschah und weltweit Proteste auslöste. Während der 4 ½ Jahre, die er 1979 in Haft verbrachte, entstanden seine berühmten „Briefe an Olga".

Über den Moldaukai (Smetanovo nábr.) gelangen wir zum Palais Lazansky, wo sich stadteinwärts die ⓯ **Famu** (**Filmová a televizní fakulta Akademie múzických umění v Praze, Smetanovo nábřeží 2, Tel. +420/234 244 311, www.famu.cz**), die Film- und Fernsehfakultät der Akademie der musischen Künste, befindet. In den 1960er-Jahren haben ihre Absolventen, darunter auch Miloš Forman, zahlreiche Filme der neuen „tschechoslowakischen Welle" gedreht. Im November 1989 trugen die Studenten und auch einige der Professoren entscheidend zum Fall des Regimes bei. Die Räume der Hochschule waren das Hauptquartier der Streikenden, die Telefone rund um die Uhr besetzt. Studenten und Studentinnen dokumentierten die Ereignisse auf Videokassetten. Leute, die nach 1948 bzw. 1968 nicht mehr zu Wort gekommen waren,

Wall of Fame in der Famu, der Filmhochschule

Nová Scéna, das neue Nationaltheater aus den 1980er-Jahren

äußerten sich vor den Kameras. Im Eingangsbereich bildet eine aus Plexiglasplatten gestaltete „Wall of Fame" die Porträts der berühmt gewordenen Absolventen ab.

Das angrenzende ► Café Slavia (Smetanovo nábřeží 2, Tel. +420/224 218 493, www.cafeslavia.cz, Mo–Fr 8–24, Sa, So 9–24 Uhr), „offizielles Prunkstück Prags" (Peter Demetz), wurde bereits an anderer Stelle (► S. 58) erwähnt. Für eine kurze Rast schlagen wir deshalb das ► Café NONA (Národní 4, Tel. +420/775 065 434, cafenona.cz, Mo–Fr 9–24, Sa, So, Fei 11–24 Uhr) in der ► Nová Scéna, der „Neuen Szene", gleich neben dem Nationaltheater vor. Der mit 4000 grauen Glasbausteinen verkleidete, fensterlose Bau wirkt wie ein Mammuth, ein Ungetüm inmitten historischer Bausubstanz. Die in den ersten Stock führende Treppe aus grünem Marmor lässt ein surreales Gefühl von der Gigantomanie des realen Sozialismus entstehen. Das mit Sofaecken und Bücherregalen ausgestattete Café hingegen hat etwas Privates. Sehr begehrt sind die Tische entlang der Fensterfront, weil man von hier aus die stets belebte Nationalstraße gut überblickt. Seit sich 1990 das „Writers Festival Prag" (Festival spisovatelů Praha, www.pwf.cz) als Fixpunkt im kulturellen Leben der Stadt etabliert hat, finden hier jedes Jahr im Frühsommer Lesungen, Diskussionen und Begegnungen mit Autoren aus aller Welt statt.

Beliebter Treffpunkt: Café NONA

Um die Tour fortzusetzen, überqueren wir die most Legií und gehen die Vítězná vor bis zur Querstraße Újezd.

Das am Fuße des Laurenziberges (Petřín) 2002 errichtete ⑯ **Denkmal für die Opfer des Kommunismus** (**Pomník obětem komunismu**) zeigt auf einer absteigenden Treppe sieben Bronzefiguren. Je weiter weg man sich von der Gedenkstätte befindet, desto stärker entsteht der Eindruck, die Statuen würden in Fragmente zerfallen, ihre Körper und Gliedmaßen verlieren. Die Bronzetafel unmittelbar davor trägt folgende Inschrift: „Die Gedenkstätte für die Opfer des Kommunismus ist allen Opfern gewidmet – nicht nur denjenigen, die eingesperrt oder hingerichtet wurden, sondern auch denjenigen, deren Leben durch die totalitäre Gewaltherrschaft ruiniert wurde."

Kleinvenedig auf der Prager Kleinseite

Denkmal für die Opfer des Kommunismus am Fuße des Petřín

Wir gehen die Vítězná zurück, werfen einen Blick in die Auslagen von Milan Dračkas direkt an der Straßenbahnhaltestelle Újezd gelegenen Trödlerladen ► Vetesnictvi (Vítězná 16, Tel. +420/257 310 611, Mo–So 10–16 Uhr) oder kehren in Ivana Zazvonilovás ► Cukrárna (Vítězná 14, Tel. +420/257 311 374, Mo–Fr 10–18, Sa, So 10–17 Uhr) ein. Auch hier scheint die Zeit stehengeblieben zu sein, irgendwann in den 50ern oder 60ern. Doch alles, was in der Auslage ausgestellt ist, stammt frisch aus hauseigener Herstellung und wirkt sehr verlockend.

Ein ebensolches Kleinseitner Kleinod – wenngleich einer anderen Kategorie – ist das ► Café Savoy (Vítězná 5, Tel. +420/257 311 562, www.ambi.cz, Mo–Fr 8–22.30, Sa, So 9–22.30 Uhr). Der 1893 eröffnete Kaffeehausklassiker liegt in der Tradition der Wiener Ringstraßenbauten: gut sieben Meter hohe Stuckdecken, Messinglampen, Thonetstühle.

Kaffeehaus im Ringstraßenstil: Café Savoy

Wir schlendern weiter vor zum Kai (Janákovo nábřeží), steigen die Stufen zum Ufer der Moldau (Malostranská nábřeží) hinunter und gelangen auf die Kampa-Halbinsel. Gäbe es für das Wort „romantisch" eine Steigerungsform, so würden wir es jetzt gebrauchen. Man hört das Wasser rauschen, die Wipfel hoher Bäume wölben sich zu einem Dach, man ist allein und doch mitten in der Stadt. Im Gehen verschiebt sich immer wieder die Perspektive auf die Karlsbrücke. Ihre Heiligenstatuen kehren einem den Rücken zu, als wollten sie diskret sein, sich nicht ins Bild drängen.

Unsere nächste Station, das ⓱ **Museum Kampa** (**Jan & Meda Mládek Foundation, U Sovových mlýnů 2, Tel. +420/257 286 147, www.museumkampa.com, tägl. 10–18 Uhr**), gehört wie auch das Denkmal der Opfer des Kommunismus zu den Errungenschaften der postkommunistischen Ära. Seine Gründerin, die 1919 geborene Meda Mládková, emigrierte 1949 nach Paris, lernte dort ihren Mann kennen, der Prag schon 1939 verlassen hatte, und ging mit ihm nach Washington, wo beide sich als Mäzene und Kunstsammler betätigten. Der Schwerpunkt ihres Interesses lag auf mitteleuropäischer moderner Kunst

Museum Kampa – Kunst aus der Zeit der Repression

aus den Jahren 1960 bis 1980, geschaffen im Untergrund, im Widerstand, trotz Verbots und Verfolgung. Nach dem Tod ihres Mannes kehrte Meda Mládková nach Prag zurück und eröffnete 2003 in einer ehemaligen Mühle, direkt an der Moldau, das Museum Kampa.
Die U Sovových mlýnů mündet in Na Kampě, einem baumbestandenen Platz am Fuße der Treppe, die zur Karlsbrücke führt. Wir gehen unter der Karlsbrücke durch und weiter durch die U lužického semináře. Von hier zweigt rechts die Cihelná ab, wo auf Nr. 2b unser nächstes Ziel liegt: das 2004 eröffnete ⑱ **Franz Kafka Museum** (Cihelná 2b, Tel. +420/257 535 507, www.kafkamuseum.cz, Mo–So 10–17 Uhr). Es passt zum Thema, weil Kafka eigentlich bis zur Wende 1989 das Dasein eines Dissidenten fristete: Er wurde als „dekadenter Bourgois" totgeschwiegen. Auch war es nicht die Stadt Prag oder der tschechische Staat, die das Museum errichteten, sondern eine privatwirtschaftliche Gesellschaft. Das Konzept trägt den Titel „Die Stadt des Franz K. und Prag" und stammt von dem argentinischen Künstler Juan Insua, der es für eine Ausstellung in Barcelona entwickelt hat. Eindrucksvolle Licht- und Toninstallationen, Textzitate und Fotografien erzeugen ein atmosphärisch dichtes Bild und geben das komplizierte Verhältnis des Dichters zu seiner Heimatstadt wider. Im ► Museumsshop finden sich sämtliche im Prager Vitalis-Verlag erschienenen Prag- bzw. Kafka-Bücher. Einen unterhaltsamen Aspekt liefert die als Fontäne gestaltete Skulptur von David Černý *(www.davidcerny.cz)* im Innenhof des Gebäudes – zwei Prager „Menaken Piss", die in ein Becken pinkeln. Was auf den ersten Blick nicht sofort erkennbar ist: Das Becken trägt

Installation von David Černý: „Menaken Piss" vor dem Kafka-Museum die Umrisse der Tschechischen Republik. Die Tschechen lieben diese Form von Selbstironie.

Wir schlendern den gleichen Weg zurück. In der U lužického semináře halten wir uns rechts, gehen wieder unter der Karlsbrücke durch, biegen in die Saská ein und erreichen die Lázeňská. Hier hat sich die ► Cukrkávalimonáda (Lázeňská 7, Tel. +420/257 225 396, www.cukrkavalimonada.com, tägl. 9–23, So, Mo 9–19 Uhr) als schicke, auf Qualität und Design bedachte Patisserie etabliert. Schokokuchen oder mit zarter Fruchtcreme gefüllte Baisers ergeben zusammen mit Holundersaft eine willkommene Erfrischung.

Cukrkávalimonáda

Café de Paris

Falls es was Substanzielleres sein soll, empfiehlt sich das ► Café de Paris (Maltézské nám. 4, Tel. +420/603 160 718, cafedeparis.cz, tägl. 12–24 Uhr) am Malteserplatz. So pariserisch das Lokal ist, es drängt sich der Vergleich mit einer Backhendelstation auf. Ähnlich wie in den Zeiten des Wirtschaftswunders rückt man hier eng zusammen, um in Bergen von Pommes frites zu schwelgen und sie in die unvergleichlich gute Sauce, die hier zu Entrecote gereicht wird, zu tunken.

Der Malteserplatz geht direkt in den Großpriorplatz (Velkopřevorské nám.) über, wo sich unser nächstes Ziel, die ⑲ **John Lennon Peace Wall** (Velkopřevorské náměstí 2) befindet. Wann genau die ersten Graffiti an der Gartenmauer des Großprioratspalais aufgetaucht sind, lässt sich heute schwer sagen. Jedenfalls lang bevor das Sprayen Mode und zur Kunstform wurde. „Let the sunshine in", „All we are saying is give peace a chance" hatten im Kontext des niedergeschlagenen Prager Frühlings und der von russischen Panzern besetzten Stadt natürlich eine andere Aussagekraft als im Rest der Welt. Die Prager kamen hierher wegen der Informationen, die sich unter den Graffiti verbargen. Am Haus gegenüber war eine Videokamera installiert, die für den Geheimdienst dokumentierte, wer sich hier aufhielt. Es kam zu Verhaftungen, und die hingekritzelten Botschaften wurden immer wieder überpinselt. Doch immer wieder tauchten neue auf. Auch das ein Prager Spezifikum: Freie Flächen im Stadtgebiet werden zum Forum. Das ist bis heute so.

Wir gehen den gleichen Weg zurück. Am Malteserplatz nehmen wir die Prokopská, biegen rechts in die Karmelitská ein und erreichen den Malostranské náměstí, den Kleinseitner Ring. Die Prager Kleinseite (Malá Strana) und ihr Hauptplatz bildete von 1257 bis 1784 eine rechtlich eigenständige Stadt unterhalb Burg, mit einem von der Altstadt deutlich abweichenden Charakter.

Entscheidend für ihre Entwicklung war die Schlacht am Weißen Berg, ein dunkler Punkt auf der emotionalen Landkarte des Landes. Nur ein paar Straßenbahnstationen (Linie 22, Richtung Bílá hora) von der Stelle entfernt, wo wir uns jetzt befinden, siegten am 8. November anno 1620 die habsburgischen Truppen über die Aufständischen und eroberten die böhmischen Lande für das Kaiserreich zurück. Der Status quo, der sich daraufhin einstellte, blieb bis 1918 – also fast 300 Jahre – bestehen. Einhergehend mit dem Verlust der Souveränität setzte in Böhmen die Gegenreformation ein. Prag wurde unter den Habsburgern rekatholisiert. Die vielen Kirchen – wie auch die mächtige Nikolauskirche (▶ S. 27) hier auf dem Platz – zeugen davon.

Adelige, die sich während der Schlacht am Weißen Berg hervorgetan hatten, erhielten Grundbesitz in der Nähe der Burg. Ganze Häuserblocks, Straßen und Gärten mussten den Prunkbauten weichen, die bei den besten Baumeistern des Barock in Auftrag gegeben wurden. Allein dem Waldstein-Palast, dem ersten Monumentalbau des Prager Barocks, mussten 23 Häuser, eine Ziegelei und drei Gärten Platz machen.

Als Kaiser Franz II. am 6. August 1806 die Krone des Heiligen Römischen Reiches niederlegt, nimmt die Macht der Adelshäuser ab. Viele der hohen Herrschaften verlassen Prag. Es wird still auf der Kleinseite, die sich – wie Max Brod schreibt – in „eine riesenhafte Ansammlung von Gärten und Palästen, die fast nur mehr von Dienstboten oder Staatsämtern, nicht aber von ihren adeligen Eigentümern bewohnt waren", verwandelt. Die Charakteristika der Kleinseite – unbewohnte Palais, knarrende Türen, Möbel, die vor sich hin modern, versteckte Innenhöfe,

John Lennon Peace Wall

Gänge, die nirgendwohin führen, Dachkammern, Spukgeschichten haben sich verhältnismäßig lange gehalten. Da der Senat des tschechischen Parlaments hier seinen Sitz hat und auch einige Ministerien, Behörden und vor allem Botschaften sich auf der Kleinseite ansiedelten, tummeln sich heute wieder die Staatsdiener am linken Moldauufer wie anno dazumal, als es geschütztes Gehege für pensionierte Militärs und Beamte war. Der Malostranksé náměstí (Kleinseitner Ring) hieß lange Zeit Radetzkyplatz, und dort, wo heute die Straßenbahnhaltestelle liegt, zeichnete sich die steinerne Silhouette von Feldmarschall Josef Wenzel Graf Radetzky ab. Weil er die habsburgfeindlichen Aufstände 1848 in Italien niedergeschlagen hatte, wurde er in Wien gefeiert, in Prag entfernte man ihn von seinem Sockel, sobald 1918 die Republik ausgerufen worden war.

Auf der Website der ► Malostranská beseda (Malostranské nám. 21, Tel. +420/257 409 112, www.malostranska-beseda.cz, tägl. 11–23 Uhr), dem Café-Restaurant unter den Arkaden des Alten Rathauses, werden historische Fotos des Platzes gezeigt – allerdings ohne Radetzkystatue. Das Wirtshaus mit Gewölbedecke wurde 2009 restauriert und beschwört mit nostalgischem Dekor die gute alte Zeit herauf. Der Küche gelingen Ente mit Knödel und Rotkraut wie auch Schweinsstelze vorzüglich, und auch das Bier ist gut gekühlt und vollmundig.

Um die letzte Etappe der Tour, die ⑳ **Deutsche Botschaft** (**Vlašská 19, www.prag.diplo.de**) zu erreichen, biegen wir vom Malostranské nám. aus rechts in die Tržište (dt. Markt) ein und gehen weiter, bis wir die Vlašská, die Welsche Spitalgasse, erreichen. Das ehemalige Palais Lobkovic ist seit 1973 Sitz der diplomatischen Vertretung Deutschlands und hat im Vorfeld der Samtenen Revolution Geschichte geschrieben. Schon im Juli

1989 waren DDR-Bürger, die auf einem Campingplatz in Ungarn Urlaub gemacht hatten, über die Grüne Grenze nach Österreich geflüchtet. Von diesen Ereignissen ermutigt, bahnten sich in den Wochen darauf einige Ostdeutsche vom Prager Hauptbahnhof (Hlavní nádraží) den Weg in die Deutsche Botschaft. Am 19. August 1989 lebten rund 120 Flüchtlinge dort, täglich kamen zwanzig bis fünfzig weitere hinzu. Bis Ende September stieg die Zahl auf fast 4000 an. Hans-Dietrich Genscher, der damalige Außenminister der Bundesrepublik Deutschland, verhandelte währenddessen mit den DDR-Behörden. Am Abend des 30. September erschien er auf dem Balkon der Südseite des Palais und verkündete: „Liebe Landsleute, wir sind zu Ihnen gekommen, um Ihnen mitzuteilen, dass heute Ihre Ausreise möglich geworden ist." Bis Anfang November reisten danach in insgesamt drei Wellen etwa 15.000 DDR-Bürger über Prag in die Bundesrepublik Deutschland aus. Überall in der Vlašská standen herrenlose Autos der Marke „Trabant" und „Wartburg". Man hatte sie einfach zurückgelassen. Auch für diese Episode der Geschichte fand David Černý eine künstlerische Entsprechung. Er schuf die Skulptur „Quo Vadis" – einen Trabi auf menschlichen Beinen, der im Park des Palais Lobkovic ausgestellt ist. Gegen Voranmeldung kann man die Deutsche Botschaft besichtigen.

Die Deutsche Botschaft in Prag

Der Rückweg zur Straßenbahnhaltestelle am Malostranksé náměstí führt durch die Nerudova, die wir über die Břetislavova erreichen. Benannt wurde die ehemalige Spornergasse nach Jan Neruda, der von 1845 bis 1857 im Haus „Zu den zwei Sonnen" wohnte. In seinen „Kleinseitner Geschichten" schildert er die Atmosphäre dieses Viertels und die Schicksale seiner Bewohner. Viel bekannter als er ist der in Spanien geborene chilenische Dichter und Nobelpreisträger Pablo Neruda; er soll, so heißt es, den Namen seines tschechischen Vorgängers als Pseudonym angenommen haben, weil ihm dessen sozialkritisches Werk als Vorbild galt.

ROUTE 4

Kafka, Werfel und die anderen

Ausgangspunkt: Masaryk-Bahnhof/Masarykovo nádraží
Endpunkt: Café Slavia (Národní třída)
Die Route: Havlíčkova /Hybernská (1 Masaryk-Bahnhof/Masarykovo nádraží) – Hybernská (2 Café Arco) – Havlíčkova (3 Werfels Geburtshaus) – Na poříči (4 Café Imperial, 5 ehem. Arbeiter-Unfall-Versicherungs-Anstalt) – náměští Republiky (6 Pulverturm, 7 Obecní dům) – Abstecher Hybernská (8 Hotel Central) – náměští Republiky – U obecního domu (9 Hotel Pařiž) – Králodvorská (10 Grand Hotel Bohemia) – náměští Republiky – Na přikopě – Passage Slovenský dům – Senovážné náměští – Jindřišská (11 Rilkes Geburtshaus, 12 Heinrichsturm) – Jerusalemská (13 Jerusalemsynagoge) – Jindřišská – Nekázanka – Na přikopě (14 k. k. Staatsgymnasium Prag-Neustadt, 15 Kirche zum heiligen Kreuz) – Panská (16 Kisch-Gedenktafel, 17 Mucha Museum, 18 Hotel Palace) – Abstecher Legerova (19 Neues Deutsches Theater) – Jindřišská – Wenzelsplatz (20 Triester Versicherungsanstalt) – Štěpánská (21 Stefansgymnasium) – Abstecher Ječná (22 Prager Literaturhaus) – Štěpánská – V jámě (23 Passage Lucerna, 24 Passage Rokoko) – Vodičkova (25 Kaufhaus U Nováků, 26 Galerie Langhans) – Franziskanergarten (27 Kirche Maria Schnee) – Jungmannplatz/Jungmannova (28 Österreichisches Kulturforum) – Perlová – Národní třída (29 Union, 30 Café Louvre, 31 Ursulinenkloster, 32 Haus Topič, 33 Nationaltheater, 34 Café Slavia)

Unbedingt hingehen:

* Café Imperial
* Lucerna-Passage
* Franziskanergarten
* Café Louvre
* Café Slavia

Die Tour dokumentiert das kulturelle Leben Prags, die „überreiche künstlerische und literarische Atmosphäre“ (Jaroslav Seifert) zu Beginn des 20. Jh.s. Auf dem Stadtplan deckt sie sich mit jenen Teilen der Neustadt, die bevorzugt vom deutschsprachigen und jüdischen Bürgertum als Wohngegend gewählt wurden. Sie streift den Lebenskreis von Rainer Maria Rilke, Franz Werfel, Max Brod, Franz Kafka, Egon Erwin Kisch und anderen Autoren, die in Prag geboren und in anderen Teilen der Welt,

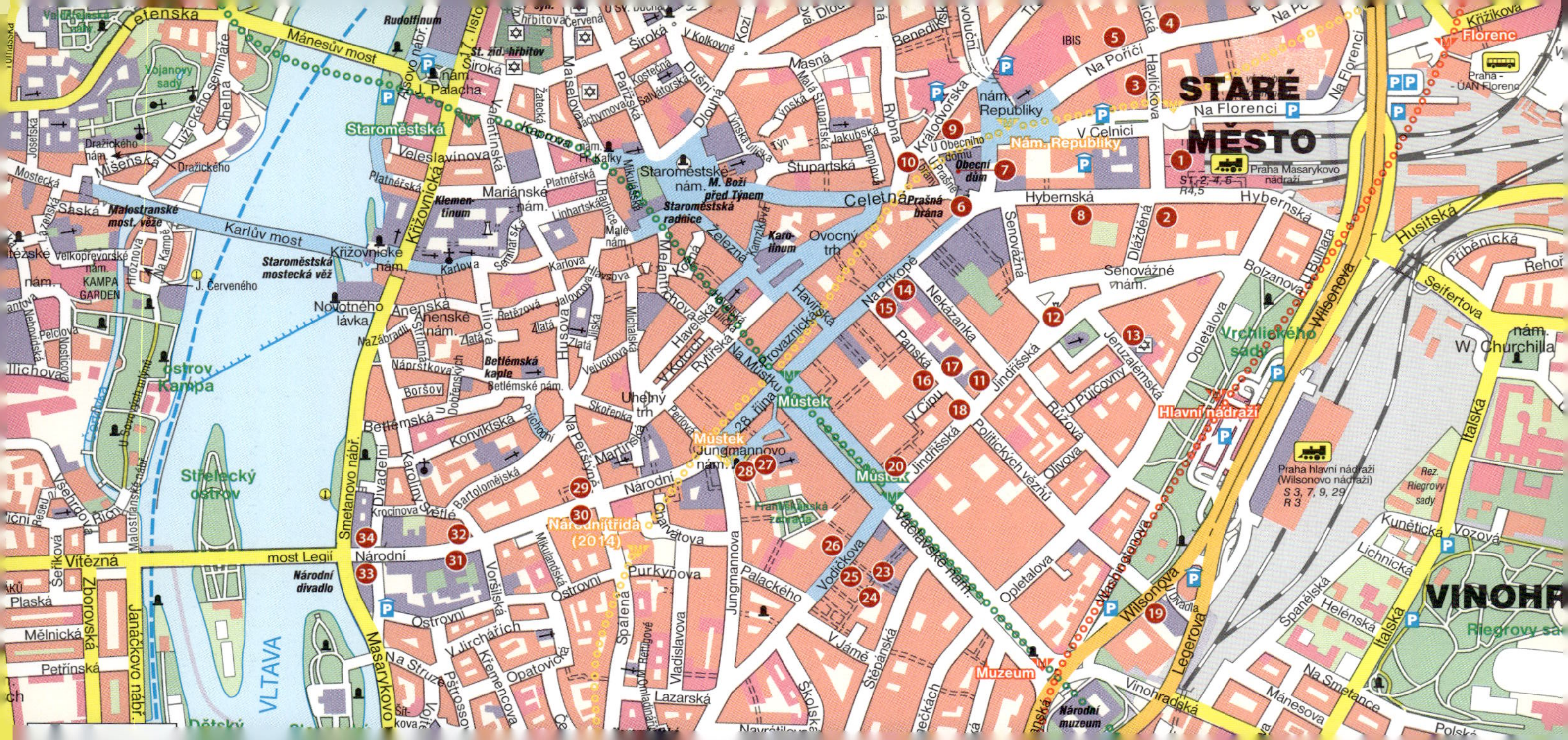

STARÉ MĚSTO
VINOHR
VLTAVA
Karlův most
Mánesův most
most Legií
Staroměstské nám.
Nám. Republiky
Hlavní nádraží
Praha hlavní nádraží (Wilsonovo nádraží)
S 3, 7, 9, 29
R 3
Praha Masarykovo nádraží
S1, 2, 4, 6
R4,5
Florenc
Praha - ÚAN Florenc
Můstek
Muzeum
Národní muzeum
Národní divadlo
Národní třída (2014)
Staroměstská
Rudolfinum
Klementinum
Karolinum
Obecní dům
Prašná brána
Staroměstská radnice
M. Boží před Týnem
Betlémská kaple
Staroměstská mostecká věž
Malostranské most. věže
Novotného lávka
Střelecký ostrov
ostrov Kampa
Vojanovy sady
Vrchlického sady
Riegrovy sady
Rez. Riegrovy sady
St. žid. hřbitov
Celetná
Hybernská
Na Příkopě
Na Poříčí
Na Florenci
Havlíčkova
Václavské nám.
Jungmannovo nám.
Národní
Wilsonova
Washingtonova
Legerova
Vinohradská
Italská
Husitská
Seifertova
nám. W. Churchilla
Křižovnická
Masarykovo nábř.
Smetanovo nábř.
Janáčkovo nábř.
Letenská
Vítězná
Zborovská
Pařížská
Jindřišská
Vodičkova
Spálená
Opletalova
IBIS
KAMPA GARDEN
1 2 3 4 5 6 7 8 9 10 11 12 13 14 15 16 17 18 19 20 23 24 25 26 27 28 29 30 31 32 33 34

weit weg und jeder woanders, gestorben sind. Damit verbunden sind Orte urbaner Lebensart, wie sie allein in Prag zu finden sind – Literaturcafés, Kaufhauspaläste und Passagen.

Start der Tour ist der ❶ **Masaryk-Bahnhof** (Masarykovo nádraží, Metrostation nám. Republiky) ehemals Hyberner-Bahnhof, benannt nach der Hybernská, der Straße, zu der wir nun vorgehen. Es war eine prominente, beliebte, angesehene Adresse. Der Stadtpark – das „Millionärsviertel" – lag in unmittelbarer Nähe, den Graben konnte man zu Fuß erreichen, und der Bahnhof – heute einer der wenigen noch erhaltenen Biedermeierbahnhöfe – war ein Verbindungsglied zu Wien und zum Rest der Welt.

Der Masaryk-Bahnhof, frisch restauriert

Die Literaten, von denen nun die Rede sein wird, hatten in diesem Teil der Neustadt ihren Lebensmittelpunkt. Die Väter waren Beamte (Rainer Maria Rilke, Max Brod), Unternehmer (Moriz Kornfeld, Leo Perutz, Franz Werfel, Friedrich Torberg) oder Besitzer gutgehender Geschäfte (Franz Kafka, Oskar Baum). Die Söhne gehörten im Großen und Ganzen ein und derselben Generation an. Mit Ausnahme Rilkes wurden sie in den 80er-Jahren des 19. Jh.s geboren, einer von großen Umwälzungen geprägten Zeit. 1895 begannen die Umbauarbeiten in der Josefstadt, dem jüdischen Viertel (► S. 18ff.). Sie ließen buchstäblich keinen Stein auf dem anderen und veränderten das Stadtbild wie keine andere Maßnahme zuvor. Das alte Ghetto lebte in Kafkas Gedankenwelt und natürlich in der Literatur weiter. Auch politisch war das Fin de Siècle eine unruhige Zeit und Prag eine durch politische und soziale Konflikte geprägte Stadt.
Der österreichisch-ungarische „Ausgleich" von 1867 hatte Ungarn einen Sonderstatus eingeräumt und wurde in Böhmen – dem industriellen Zentrum der Monarchie – als ungerecht empfunden. Man war nicht damit einverstanden, länger die zweite Geige zu spielen. Als Reaktion darauf wurde alles Tschechische

Franz Kafka

Franz Werfel

Egon Erwin Kisch

in Kultur und Politik überbetont und in den Vordergrund gerückt.
Wenn es um Literatur geht, muss man sich vergegenwärtigen, dass die Stadt bis ins 19. Jh. geteilt war. Ein Teil sprach Deutsch, ein Teil Tschechisch, und von der jüdischen Bevölkerung wurde erwartet, dass sie sich assimilierte. In den meisten Fällen fühlte sie sich eher dem deutschsprachigen Teil zugehörig.
Theaterneubauten und Universitätsgründungen führten zur Aufspaltung in zwei Kulturkreise. Viele Institutionen, darunter auch die Cafés, wurden entweder von der einen oder der anderen Gemeinschaft besucht. Orte, wo Vertreter „beider Lager" beisammensaßen, bildeten die Ausnahme. Das Zusammenleben zwischen Deutschen und Tschechen funktionierte zwar gut, doch ging jeder seine eigenen Wege. Es gab kaum Berührungspunkte. Aber genau das war ja das Besondere. Ungeachtet all der Spannungen – oder gerade deshalb – brachte Prag eine Kulturszene hervor, die bei ausländischen Besuchern – Le Corbusier, André Breton, Apollinaire u. a. – Bewunderung auslöste.
1907 wurde unter den Arkaden des Hauses Hybernská 16 das ❷ **Café Arco** eröffnet. Das von Jan Kotěra (▶ S. 38) entworfene Interieur – einfach, operationell und gut designt – war durch und durch modern. Es muss sich von den Repräsentationsbauten im Neorenaissancestil, die an allen Ecken und Enden der Stadt gerade im Entstehen waren (Nationaltheater, Deutsches Theater, Rudolfinum, Nationalmuseum) deutlich abgehoben haben. Der langgestreckte Saal mit den spartanisch wirkenden Sitznischen glich eher einer Bibliothek. Das Arco zog die progressiv denkende Jugend an. Es versammelte sich hier die deutsche und die jüdische Intelligenz.
Bald schon nach seiner Eröffnung erlebt das Arco seine Glanzzeit. Werfel trägt Gedichte vor, Menschheitserlösungsgedich-

Café Arco: Treffpunkt der Literaten

te. Er trifft damit den Zeitgeist, die Altersgenossen hören ihm aufmerksam zu. Zum Auditorium zählen Schulkameraden wie Willy Haas (1891–1973), der später nach Hamburg geht und Journalist wird und dem Werfel in seinem letzten Roman „Stern der Ungeborenen" mit der Figur des „BH" ein literarisches Denkmal setzt. Oder der etwas jüngere Paul Kornfeld, der Prag ebenfalls bald verlassen wird, um in Deutschland als Dramatiker mit Max Reinhardt zusammenzuarbeiten. Eines Tages taucht Max Brod auf. Er erkennt die Begabung des um sechs Jahre jüngeren Werfel und wird zum Mentor der Gruppe. Auch Franz Kafka stößt hinzu. In einer Tagebuchnotiz von 1912 schreibt er über Werfel, der mit seiner Gedichtsammlung „Der Weltfreund" fast über Nacht bekannt geworden war: „Vorigen Samstag rezitierte Werfel im Arco die ‚Liebeslieder' und das ‚Opfer'. Ein Ungeheuer! Aber ich sah ihm in die Augen und hielt seinen Blick den ganzen Abend."

Jahre später, Werfel lebt bereits in Wien, Brod ist ein angesehener Autor, erscheint Milena Jesenská, die rebellische Tochter eines tschechischen Universitätsprofessors. Sie wird Kafkas Gefährtin der letzten Lebensjahre und übersetzt einige seiner Texte ins Tschechische. Der gleichen Generation gehörte Johannes Urzidil an, der das Arco in seiner Erzählung „Nacht des Schreckens" verewigte. Und Karl Kraus kommentiert in seinem Gedicht „Arconauten": „Es werfelt und brodet. Und kafkat und kischt …"

Nach der kommunistischen Machtübernahme, 1949, setzt in Prag das große Kaffeehaussterben ein. Als privat geführte Betriebe, Orte der Diskussion und des freien Denkens passten sie nicht mehr in die Zeit und wurden in Speisehallen und Großraumbüros umgewandelt.

Gedenktafel an Werfels Geburtshaus

Lange Zeit blieb das Arco geschlossen, dann saßen hier Pendler, die auf die Abfahrt ihres Zuges warteten, oder Liebespaare, die das unscheinbare Lokal unter den Arkaden wählten, um unbeobachtet zu sein. Ausgestattet war es mittlerweile mit „Einheitsmöbeln aus dem dritten Fünfjahresplan" (Peter Demetz). Heute ist es eine Kantine.

In der Havličkova gegenüber vom Arco auf Nr. 11, befand sich ❸ **Werfels Geburtshaus,** was seit 1995 durch eine Tafel dokumentiert ist. Die Havličkova verdankt übrigens ihren Namen Karel Havlíček (1821–1856), dem liberalen Polemiker. Er gilt als Gründer des tschechischen politischen Journalismus, der Satire und Literaturkritik. In seinen Artikeln kritisierte er die absolutistische Regierung in Wien und wurde deshalb nach Brixen in die Verbannung geschickt. Als Dritter im Bunde taucht – ebenfalls an der Fassade des Hauses verewigt – Alexander Zemlinsky auf. Der Komponist und Dirigent wohnte von 1911 bis 1927 hier. Als Direktor des Deutschen Theaters (► S. 53) hat er das Prager Opernleben mit unerreichten Mozart-Interpretationen und Aufführungen zeitgenössischer Komponisten ungemein bereichert.

Reinster Jugendstil im Café Imperial

Wir gehen die Havličkova bis zur Na poříčí vor, biegen dort rechts ab und erreichen das ❹ **Café Imperial** (**Na poříčí 15, Tel. +420/222 316 012, cafeimperial.cz, Mo–Do 9–24, Fr, Sa 9–1, So 9–23 Uhr**), wo sich einst die Schauspieler der nahegelegenen Theater trafen. Seine Geschichte nahm einen glücklicheren Verlauf als die des Arco, es ist so, wie es 1914 zusammen mit dem Hotel eröffnet worden war, erhalten geblieben. Das Interieur – hohe, elegante, von Säulen gestützte Räume, bis zur Decke mit Jugendstilfliesen verziert – diente zur Zeit des Kommunismus hin und wieder als Filmkulisse. Um die Tour fortzusetzen, gehen wir die Na poříčí stadteinwärts vor. Auf Nr. 7 befand sich die **5 ehem. Arbeiter-Unfall-Versicherungs-Anstalt für das Königreich Böhmen,** in der Kafka von 1908 bis zu seiner vorzeitigen Pensionierung 1922 am Schreibtisch saß und Akten bearbeitete.

Der Pulverturm, das Eingangstor zur Altstadt

Am Ende der Na poříčí erreichen wir den náměstí Republiky, den Platz der Republik, einen Kreuzungspunkt von Fußwegen, Fahrbahnen, Straßenbahn-, Metro- und Buslinien. Altstadt und Neustadt treffen hier aufeinander. Der **6 Pulverturm** (**Prašna Brana, Apr. bis Okt. 10–18 Uhr**) markiert das Tor, über das man im Mittelalter nach Prag gelangte. Der Graben (Na příkopě) zeichnet den Verlauf der ehemaligen Befestigungsanlagen nach.

In diesem Ensemble nimmt unangefochten das 1911 fertiggestellte **7 Obecní dům** (**nám. Republiky 5, Tel. +420/222 002 101, www.obecnidum.cz**) eine Vorrangstellung ein. „Gemeindehaus", wie die Übersetzung ins Deutsche heißt, drückt eigentlich zu wenig aus, klingt viel zu bescheiden, es ist ein Spiegel der nationalen Seele, der hoch aufstrebenden Ambitionen, der Rückbesinnung auf die slawischen Wurzeln und des

Obecní dům – Zentrum gesellschaftlichen Lebens einst und jetzt

Geltungsbedürfnisses. Das Gebäude lässt den Betrachter etwas ratlos zurück: Dieses Mittelding zwischen Rathaus, Königspalast und Opernhaus dürfte wohl einzigartig sein. Zu den auffälligsten Merkmalen zählen die hohe Glaskuppel, der gusseiserne Portikus mit der kunstvollen Bleiverkleidung. Für die Innenraumgestaltung haben die Architekten Antonin Balšánek und Osvald Polívka (► S. 101) die besten tschechischen Künstler der damaligen Zeit verpflichtet. Alfons Mucha (► S. 94) malte nicht nur die Allegorie auf Prag im Salon des Primators (Bürgermeisters), sondern entwarf auch die Möbel und die perlenbestickten Vorhänge. Neben Ausstellungsräumen und dem Smetana-Konzert-Saal beherbergt das Obecní dům ein ► Café (Kavárna Obecní dům, Tel. +420/222 002 763, www.kavarnaod.cz) und ein ► Restaurant (Francouzská restaurace, Tel. +420/222 002 770, www.francouzskarestaurace.cz, tägl. 12–23 Uhr; ► S. 115). Im Keller gibt es noch ein rustikales ► Bierlokal (www.plzenskarestaurace.cz) und eine ► American Bar (www .americkybar.cz) – alles im reinsten Jugendstil.

Bierlokal im Keller des Obecní dům

Rund um dieses Repräsentationshaus lag der Mittelpunkt des gesellschaftlichen Lebens. Am Graben – schildert Friedrich

Das Hotel Central diente lange als Theater

Torberg in seiner „Tante Jolesch" – fand in den späten Vormittagsstunden der Korso statt, auf dem Grüßen und Nichtgrüßen kultiviert wurde. An der Art, wie tief einer den Hut zog bzw. wie schnell der Gegrüßte antwortete, konnte man den Stand der Beziehungen zwischen den beiden Bekannten ablesen.

Das ❽ **Hotel Central** (K+K Hotel Central, Hybernská 10, Tel. +420/225 022 000, www.kkhotels.com) in der Hybernská hatte bereits 1901 eröffnet. Es war das erste Jugendstilgebäude der Stadt, entworfen von Friedrich Ohmann (► S. 38), und trumpfte mit einem Tanzsaal auf, den man von den Logenplätzen auf der Galerie überblicken konnte. Er wurde in den 1920er-Jahren zu einem Kinosaal umgebaut und diente später als Theatersaal, während in den Hotelzimmern nach dem Zweiten Weltkrieg Büros eingerichtet wurden. Nach 1996 entstand hier auf Initiative von Pavel Kohout und Renata Vatková das Prager Theaterfestival deutscher Sprache (Pražský divadelní festival německého jazyka, Tel. +420/222 232 303, www.theater.cz). Es existiert bis heute und knüpft an die Tradition der Zweisprachigkeit an. Zwei Wochen lang im Herbst gastieren Produktionen aus Hamburg, Berlin, Leipzig oder Wien in Prag. Seit 2002 empfängt das Hotel Central wieder Gäste. Der ehemalige Tanzsaal beherbergt einen gläsernen Konferenzraum, über dem der Frühstücksraum „schwebt". Der Blick fällt auf den Garten des ► Hotel Kempinski (Hybernská 12, Tel. +420/226 226 111, www.kempinski.com), das hier auf den Fundamenten eines alten Stadtpalais errichtet wurde. Er bildet eine versteckte Oase im dicht verbauten Stadtzentrum und wird im Sommer für Musikevents genutzt.

Hotel Paříž in der Literatur verewigt

Das 1904 eröffnete ❾ **Hotel Paříž** (U Obecního domu 1, Tel. +420/222 195 195, www.hotel-paris.cz), „so schön, dass es einen fast umwarf. Mit vielen Spiegeln, überall roten Teppichen und Messinggeländern, Messingklinken und Messingleuchten, die so blank geputzt waren, dass man glaubte, sie wären aus

Gold" (Bohumil Harbal), ist in Literatur und Film verewigt. Kaum hat man die schwere Flügeltüre aufgestoßen, sieht man sie förmlich vor sich, die Börsenmakler, die in Hrabals Roman „Ich habe den englischen König bedient" hier ein und aus gingen, mit Champagner und Kognak abgeschlossene Geschäfte begossen und schon am Vormittag kess zurechtgemachte Damen im Separée empfingen. Unter den Kommunisten enteignet, erhielt die Familie in den 1990er-Jahren im Zuge der Restitution ihr Eigentum zurück und führt das Hotel nun in dritter Generation.

Im Ballsaal des Bohemia tanzten die Stars der Barrandov-Studios

Das Haus, das man links erblickt, wenn man im Café Pařiž am Fenster Platz genommen hat, war ehemals das „Grand Hotel Steiner". Der Boccaccio-Ballsaal, ein Wunderwerk aus Marmor, Gold und Kristall, war stadtbekannt für seine 5-Uhr-Tees und Soirées dansantes. Hier traf sich in den 1920er-Jahren alles, was Rang und Namen hatte. Vom Sohn des Präsidenten bis zu den Sternchen und Stars der Barrandov-Filmstudios (► S. 99). Nach 1949 überließ Josef Steiner das Haus den neuen Machthabern und erbat sich als Gegenleistung eine Anstellung und ein Wohnrecht in seinem eigenen Haus. Nach der Wende erhielten seine Erben ihr Eigentum zurück und verkauften es an eine österreichische Hotelkette, die es 1993 unter dem Name ⑩ **Grand Hotel Bohemia** (**Králodvorská 4, Tel. +420/234 608 111, www.grandhotelbohemia.cz**) wiedereröffnete.

Rilkes Geburtshaus, heute ein Hotel

Der Spaziergang führt uns nun zurück zum Platz der Republik, wir gehen rechts in die Na příkopě, durchqueren die Passage im Slovenský dům auf Nr. 22 und gelangen so auf den Senovážné náměstí, den Heumarkt. Der Platz mündet rechts in die Jindřišská, die Heinrichsstraße, wo sich ⓫ **Rilkes Geburtshaus** (Jindřišská 17) befand. Es steht heute nicht mehr, ein Bau aus den 1920er-Jahren ersetzt es. Darin eröffnete kürzlich das ► Fusion Hotel Prague (www.fusionhotels.com), das in lässiger Atmosphäre zahlungskräftige Gäste und solche mit eher wenig Geld unter seinem Dach vereint. Ein gutes Konzept! Eines der Gedichte in Rilkes Zyklus „Larenopfer" trägt den Titel „Mein Geburtshaus". Darin lässt er den blauseidenen Salon auferstehen, wo er Bilderbogen anschaute, Tramway spielte und aus dem Fenster sah, wie im „Grafenhaus" (Palais Harrach, Nr. 20 gegenüber) ihm ein blondes Mädchen zuwinkte. Dafür, dass Rilkes Haus einem Neubau hat weichen müssen, entschädigt das Glockenspiel, das vom nahen ⓬ **Heinrichsturm** (Jindřišská věž, Tel. +420/224 232 429, www.jindrisskavez.cz, 10–18 Uhr) zu jeder vollen Stunde ertönt und wohl noch immer gleich klingt, und auch die Tramway, die immer noch auf der gleichen Trasse durch die Jindřišská kurvt. Der allein stehende Turm wurde 1472 bis 1475 erbaut und diente der auf der anderen Straßenseite liegenden Heinrichskirche, wo Rilke getauft wurde, als Glockenturm. Sie wurde 1348–51 als Hauptpfarrkirche der Neustadt errichtet und ist von einer kleinen Grünfläche, einem Pfarrgarten, umgeben.

Die Jindřišská, die Heinrichsstraße mit Turm

Jerusalemsynagoge, 1906 erbaut

Dahinter zieht die Jerusalemská in einer Geraden Richtung Norden und führt leicht ansteigend zum Hauptbahnhof (► S. 59). Sehenswert ist die ⓭ **Jerusalemsynagoge** (Jeruzalémská

Rilke-Gedenktafel am Graben

Kirche zum heiligen Kreuz

synagóga, Jerusalemská 7, www.synagogue.cz/Jerusalem, April bis Okt. tägl. 11–17 Uhr, außer Sa und an jüdischen Feiertagen), die hier 1906 errichtet wurde. Das Gebäude ist ein Beispiel dafür, wie maurische Architekturelemente im Jugendstil interpretiert und variiert wurden. Im Vorraum würdigt eine Tafel mit deutscher Inschrift die am Bau Beteiligten und nennt den Namen des Architekten Wilhelm Stiassny, der den jüdischen Teil des Wiener Zentralfriedhofes projektierte und Begründer des Jüdischen Museums in Wien war. Im Zuge der Renovierung stieß man 2003 auf eine unter einer Marmorplatte verborgene Pergamentrolle, die in kalligrafischer Schrift die Synagoge Gott weihte und ihrer Bestimmung übergab. Sie wurde am Tag der Eröffnung hier deponiert und hat mehr als ein Jh. alles überdauert – Besetzung, Krieg und Naziterror.

Nach diesem Abstecher führt der Weg zurück in die Jindřišská und rechts durch die Nekázanka zum Graben (Na příkopě), den wir nun links vorgehen.

Auf Nr. 16, hinter der Gründerzeitfassade in Schönbrunnergelb, liegt das ehemalige ⓮ **k. k. deutsche Staatsgymnasium Prag-Neustadt.** Am 29. Dezember 2011, so konnten aufmerksame Hörerinnen der deutschen Ausgabe von „Radio Praha Kultur" erfahren, wurde Rainer Maria Rilke zu Ehren hier ein Gedenkstein mit Büste enthüllt. Zu verdanken ist diese Initiative der Leiterin des Prager Literaturhauses (▶ S. 96). Auf Tschechisch und Deutsch steht da zu lesen: „Der weltberühmte, in Prag geborene Dichter besuchte hier die deutsche Piaristen Volksschule in den Jahren 1882–1886."

Diese Lehranstalt befand sich in dem Klosterkomplex, der an die ⓯ **Kirche zum heiligen Kreuz** (Ecke Herrengasse und Graben/

Panská und Na příkopě) anschließt, und galt als gute Vorbereitung auf das strenge Graben-Gymnasium nebenan.
Johannes Urzidil, der hier – wie Max Brod und Leo Perutz – maturierte, verdankt „seine" Gedenktafel der oberösterreichischen Landesregierung, die ihn als Hüter „des kulturellen Gedächtnisses an die Prager Moderne" würdigt.

Egon Erwin Kisch startete hier seine Karriere

Es ist mit den Tafeln wie mit den Straßennamen, sie spiegeln vorherrschende Tendenzen wider. Offenbar wurden der Bevölkerung von Prag lange nur jene Größen als unsterblich vorgeführt, die ins herrschende Geschichtsbild und in das tschechisch geprägte Kulturverständnis passten. Zu dem anderen Teil ihrer Geschichte hatten die Prager lange keinen Zugang. Endlich hat nun auch Rilke seinen Platz gefunden. Zwischen Urzidils Zitat und einem ernst dreinblickenden Frauenkopf mit Biedermeierfrisur am Haus Na příkopě 14. Die Abbildung zeigt die in Wien geborene, aus bescheidenen Verhältnissen stammende Božena Němcová. Sie trat 1843 bereits mit national gestimmten Veröffentlichungen hervor, u. a. schrieb sie das Gedicht „An die tschechischen Frauen" (Ženám Českým).
Gegenüber, auf Nummer 17, lag das Café Continental, das Max Brod als „eine der Hochburgen des Prager Deutschtums" bezeichnet.
Wir biegen links in die Panská, die Herrengasse, ein. Auf der rechten Straßenseite fällt auf Nr. 8 eine **16 Steintafel** auf: Sie zeigt im Relief einen Männerkopf mit markantem Profil. „... v tomto domě roku 1906 zahájil Egon Erwin Kisch svou novinářskou dráhu", **Egon Erwin Kisch** hat hier als Volontär des *Prager Tagblattes* seine Karriere begonnen. Der Mann, der als der „rasender Reporter" (nach dem Titel eines Sammelbandes) in die Geschichte einging, deckte in seinen Prager Jahren den Spionagefall um Oberst Redl auf (1985 verfilmt mit Klaus Maria Brandauer in der Titelrolle) und begründete das, was später „investigativer Journalismus" genannt werden wird. Das hohe

Plakatkunst im Alfons-Mucha-Museum

Ansehen des *Prager Tagblattes* hielt sich bis in die 1920er-Jahre. Friedrich Torberg schreibt: „… jeder zweite (Redakteur) konnte sich mit einer Buchpublikation ausweisen und auch ich durfte mich mit meinem Erstlingsroman vom ‚Schüler Gerber' zu ihnen zählen." Als Nachfolgerin gilt die seit 1991 jeden Donnerstag erscheinende *Prager Zeitung*, die für Prag-Besucher brauchbare Tipps und nützliche Adressen bereithält.

Hotel Palace in der Panská, der Herrengasse

In dem Haus vis-à-vis, dem Palais Kaunitz, wurde 1998 dem tschechischen Jugendstilkünstler Alfons Mucha (1869–1939) ein Museum, ⓱ **Mucha-Museum** (**Panská 7, Tel. +420/224 216 415, www.mucha.cz, tägl. 10–18 Uhr**), eingerichtet. Hier kann man den Lebensweg des Autodidakten vom Bühnendekorateur in Wien bis hin zum weltweit bekannten Maler, Grafiker und Illustrator nachverfolgen.

Am Ende der Panská bietet sich das ⓲ **Hotel Palace** (**Panská 12, Tel. +420/224 093 111, www.palacehotel.cz**) für eine kurze Rast an. Wie der Name schon sagt, gehört es ebenfalls zu den Grandhotels, die Ende des letzten Jh.s in Prag entstanden sind. Von der Einrichtung ist kaum mehr was erhalten, doch das Café im Erdgeschoß ermöglicht einen schönen Blick nach draußen auf die Politických vězňů (▶ S. 63), die genau gegenüber Richtung Norden verläuft und an deren unterem Ende das 1885 eröffnete

Das Neue Deutsche Theater: Hier trat Caruso auf

⑲ **Neue Deutsche Theater** (Nové německé divadlo, heute Státní opera, Legerova 75, Tel. +420/296 117 111, www.opera.cz) thront. „Neu" deshalb, um sich vom ebenfalls „deutschen", also deutsch bespielten, „Ständetheater" (► S. 53) zu unterscheiden. Die Finanzmittel stammten aus privaten Sammlungen, die Pläne vom in der ganzen Monarchie tätigen Atelier Fellner & Helmer in Wien. Eröffnet wurde „echt deutsch" mit Goethes „Egmont". Auch Caruso ist hier – lange bevor er zum Star wurde – aufgetreten. Werfel soll von seinem Herzog in Verdis „Rigoletto" so hingerissen gewesen sein, dass sich hier seine Leidenschaft für die Bühne entflammte. Ab 1926 inszeniert das Prager Neue Deutsche Theater nach und nach die meisten Dramen Werfels. 1928 wird ihm als erstem deutschsprachigem Autor der tschechoslowakische Staatspreis verliehen.

Triester Versicherungsgesellschaft: Hier jobbte Kafka

Wir biegen in die Jindřišská ein und schlendern in Richtung Wenzelsplatz. Es ist eine der Straßen, deren Charakter sich nicht allzu stark verändert hat. Die Gehsteige sind belebt, es gibt Buchhandlungen, Geschäfte mit Waren aller Art, Delikatessenläden und Cafés. Den Abschluss bildet das Gebäude der ⑳ **Triester Versicherungsgesellschaft,** der „Assicurazioni Generali", bei der Kafka von 1907 bis 1908 angestellt war. In einem Brief an seine damalige Freundin Hedwig Weiler schreibt er: „Ich habe einen Posten mit winzigen 80 Kro-

Hotel Europa – Kafka las hier aus seinen Werken

nen Gehalt und unermesslichen 8 bis 9 Arbeitsstunden, aber die Stunden außerhalb des Bureaus fresse ich wie ein wildes Tier."
Im Hotel Europa (▶ S. 68) hielt Kafka ein paar Jahre später seine erste und einzige öffentliche Lesung in Prag.
Wir wechseln die Straßenseite, gehen den Wenzelsplatz ein Stück hinauf und biegen rechts in die Štěpánská ein. Das Haus Nummer 22 weist eine Tafel als „Akademické gymnázium" (akademisches Gymnasium) aus. Während der ersten Jahre an dieser Eliteschule entstand der Freundeskreis, der sich später dann im Café Arco traf. Das **21 Stefansgymnasium** (Akademické gymnázium, Štěpánská 22, www.agstepanska.cz) existiert weiter, der Unterricht erfolgt jetzt natürlich auf Tschechisch. Als letzte Vertreterin der legendären deutschsprachigen Literaturszene Prags besuchte Lenka Reinerová diese Schule. Sie war die letzte, die Egon Erwin Kisch und Max Brod noch persönlich gekannt hat; 2008 starb sie im Alter von 92 Jahren. Die Erinnerung an die deutschsprachigen Autoren Prags wachzuhalten war ihr ein Anliegen, auch in jenen Zeiten, als es politisch nicht opportun war, sich dafür zu engagieren. 2004 gründete sie das **22 Prager Literaturhaus** (Ječná 11, Tel. +420/222 540 536, www.prager-literaturhaus.cz, Mo–Do 9–16, Fr 9–15 Uhr), das sich seit seiner kürzlich erfolgten Übersiedlung nun in der Ječná, ganz in der Nähe des Gymnasiums, befindet. Es fungiert als Treffpunkt deutschsprachiger Autoren, vergibt Stipendien und zeigt eine permanente Ausstellung zum Thema „Tripolis Praga", die verlorene Dreieinigkeit und Rivalität zwischen deutscher, tschechischer und jüdischer Kultur in Prag um 1900.

Das Stefansgymnasium, in Werfels Werken verewigt

Um die Tour fortzusetzen, gehen wir die Štěpánská ein Stück zurück und biegen in die V jámě ein: Vis-á-vis dem kürzlich eröffneten ▶ Boutique-Hotel „Icon" (V jámě 6, theiconhotel.praguehotels.it) fällt die Schokoboutique ▶ Gold Pralines (V jámě 5) auf. Sie ist nicht nur als Endorphinquelle interessant, sondern auch, weil sich hier der Eingang zu der Passage U Nováků befindet, durch die wir nun unseren Streifzug fortsetzen.

Prager Literaturhaus

Um 1900, zeitgleich mit den eleganten Hotels und Kaffeehäusern, entstand das, was man in Prag „Palác", also „Palast", nennt – multifunktionale, mehrstöckige eindrucksvolle Bauten, die alle Annehmlichkeiten des modernen Lebens unter einem Dach vereinten. Im Erdgeschoß Geschäfte, im Keller ein Theater, ein Kino oder ein Varieté, im ersten Stock Dienstleistungen, darüber Wohnungen. Die Erbauer – Investoren oder Developer würde man heute sagen – imaginierten den Palác als idealen Aufenthaltsort für moderne Bürger, die sich in diesen weitläufigen Hallen souverän bewegten und unter den Kuppeln einherschritten wie Könige unter gläsernen Baldachinen. Viele dieser Paläste sind durch Passagen, weitläufige „Durchhäuser", miteinander verbunden.

In ein solches tauchen wir jetzt ein. Wir halten uns zunächst rechts, gehen dann geradeaus und stehen in einem Kuppelsaal, der jeder Kathedrale Ehre machen würde. Von der Decke baumelt das „Pferd", eine Skulptur von David Černý, dem Enfant terrible der tschechischen Kunstszene. Als Parodie auf das Reiterstandbild am Wenzelsplatz (▶ S. 65) gedacht, zeigt es einen kopfüber hängenden Gaul, auf dessen Bauch der heilige Wenzel sitzt. Dieses 1999 hier errichtete Kunstwerk verlangt natürlich nach einer Erklärung. Versierte Fremdenführerinnen fühlen sich an dieser Stelle dann meist bemüßigt, von den „sarkastischen Eigenschaften der Tschechen" zu sprechen. Was darunter zu verstehen ist? Die Fähigkeit, mit feiner Nadel dem Pompösen, Aufgeblähten die Luft zu nehmen.

David Černýs Skulptur „Der hl. Wenzel"

Bis heute herrschen die Prager und Pragerinnen uneingeschränkt über die Passagen, sie verschwinden darin und tauchen mehrere Häuserblocks weiter an einer ganz anderen Ecke der Stadt wieder auf. Es würde lange dauern, bis ein Fremder sich die Topografie dieser Schleichwege angeeignet hat, sie zu kennen, bleibt jenen vorbehalten, die sie von Kindheit an gegangen sind, an der Hand der Mutter, der Großmutter oder Tante.

Dokumentiert Filmgeschichte: das Lucerna-Kino

Die Passage Lucerna, 1906 eröffnet

Die 23 **Passage Lucerna** gehört zu dem 1906 bis 1920 stufenweise ausgebauten Palác Lucerna *(www.lucerna.cz)*. Sie ist noch nicht zurechtgemacht für den Geschmack der postkommunistischen Ära, hat etwas liebenswert Abgegriffenes, eine echte Patina. Dunkel und doch strahlend zugleich durch die blitzblanken Chrom- und Messingeinfassungen an Türen und Schaufenstern der Geschäfte. Sogar einen Paternoster gibt es hier noch!

Keine der großen Kaufhausketten hat sich hier bis jetzt niedergelassen. Stattdessen herrscht ein Neben- und Durcheinander von kleinen Läden: Tabakwaren, Kitsch-Keramik, Perücken, Musikinstrumente, Strohblumen, Briefmarken – ein Einkaufswunderland für den kleinen Mann. Alibabas Höhle – mit jeweils zwei Eingängen in der Vodičkova (Wasserstraße), zwei am Wenzelsplatz und einem in der V jámě, durch die wir gerade gekommen sind.

Erbaut wurde der Palác Lucerna von Vácslav Havel, dem Großvater des späteren Präsidenten. Seine Büste empfängt die Besucher, wenn sie die Freitreppe zum Kinosaal im ersten Stock emporsteigen. Er umfasst 820 Plätze, ist im Originaldesign von 1909 erhalten und zieht wegen des anspruchsvollen Programms (Filme werden in Originalsprache gezeigt), Cineasten und Kunstliebhaber an. Der Name Havel ist mit der Entwicklung des tschechischen Films eng verbunden. Václav Havel, der Sohn des Lucerna-Begründers, von Beruf ebenfalls Ingenieur, baute die Filmstudios am Barrandov-Hügel (zu besichtigen, ▸ Infoteil, S. 131). Sein Bruder, Miloš Havel, übernahm deren

Rokoko-Passage, heute eine funkelnde Shopping-Mall

Das einstige Café Rokoko, heute im Besitz einer Kette

Leitung. In den Roaring Twenties entstanden pro Jahr in Prag durchschnittlich 20 Filme. 1924 gab es 24 Kinos in der Stadt, vier Jahre später war ihre Zahl auf 115 angestiegen. Nach 1989 wurde das Palais Lucerna der Familie Havel im Restitutionsverfahren zurückgegeben.

In seinen Erinnerungen („Mein Prag") lässt Peter Demetz das „Prager Swing-Zeitalter" noch einmal Revue passieren: „... mit modischen Tanztees in der Lucerna-Bar und Auftritten der ‚Melody Boys', die tausende Fans in den Lucerna-Tanzsaal lockten." Doch der große Saal füllte sich nicht nur bei Bällen und Konzerten, auch Boxkämpfe fanden hier statt. Heute ist die ▶ Lucerna Music Bar (Vodičkova 36, http://lucerna.musicbar.cz) mit Auftritten internationaler Rockbands wieder aktuell wie eh und je. Seit 1993 wird alljährlich im März bei einer großen Gala der „Böhmische Löwe" verliehen, der große Filmpreis der tschechischen Filmindustrie.

Um den Ort gebührend zu würdigen, genehmigen wir uns einen Campari an der Bar des ▶ Café Lucerna (Kavárna Lucerna, Vodičkova 36, Tel. +420/224 215 495, www.restaurace-monarchie.cz/kavarna-lucerna, tägl. 10–24 Uhr).

Bevor wir das Labyrinth der Lucerna endgültig verlassen, noch schnell ein Abstecher in die ㉔ **Rokoko-Passage** (zu erreichen, indem man rechts neben dem Aufgang zum Kino weitergeht). Die Atmosphäre ändert sich abrupt. Alles hier strahlt und funkelt und blitzt. Gleich nach der Wende 1989 renoviert, gleicht diese Passage einer – zugegeben außergewöhnlichen – Shoppingmall.

Die Ausstattung stammt von Emil Králíček (▶ S. 54) und stellt eine spezifisch pragerische Mischung aus Wiener Seccessionsstil und Kubismus dar. Im Souterrain befand sich 1916 ein berühmtes Varietétheater, das wie das ehem. Café Rococo, heute ▶ Costa Coffee (Pasáž Rokoko, Václavské nám. 38, www.costa-coffee.cz), einst Treffpunkt der Filmindustrie war.

Wir gehen zurück zum Kuppelsaal der Lucerna-Passage und nehmen den Ausgang, über dem „Kavárna Lucerna" steht und der uns in die Vodičkova führt. Hier werfen wir einen Blick auf die Jugendstilmalereien an der Fassade von ㉕ **U Nováků** (Vodičkova 30), dem 1902 eröffneten Kaufhaus Novak, das durch die Passage mit dem Palác Lucerna verbunden ist. Mit dem Bau wurde kein Geringerer als Osvald Polívka, der u. a. das Obecní dům – das Repräsentationshaus am Platz der Republik (▶ S. 87) schuf, beauftragt.

U Nováků, das Kaufhaus „Zum Novak" aus 1902

Wir überqueren die Vodičkova. Kinos, Theater, Cafés, Casinos, Eissalons und Fastfoodrestaurants sorgen hier für ein ständiges Kommen und Gehen.

Das Lokal mit den großen Fenstern auf Nr. 15 war, als es noch Akademická Kavárna (Akademisches Café) hieß, ebenfalls ein beliebter Treffpunkt der Schriftsteller. Eine der Wohnungen darüber bewohnte von 1892 bis 1895 Rainer Maria Rilke. Sie ist Schauplatz einer Szene in seiner Novelle „Das Familienfest".

Wir gehen die Vodičkova stadteinwärts und schauen, so es nicht später als 19 Uhr ist, in der ㉖ **Galerie Langhans** (Vodičkova 37, Tel. +420/222 929 337, www.langhansgalerie.cz, tägl. außer Mo 13–19 Uhr) vorbei. Sie gehört auch zu den versteckten Orten, die es unbedingt lohnt aufzusuchen. Das Haus wurde 1905 von Alois Dryák errichtet und war deshalb berühmt, weil Jan

Ehemaliges Atelier Langhans, spezialisiert auf Porträts

Langhans (1851–1928) hier sein Studio hatte. Dieser Pionier der Fotokunst fertigte Porträts sämtlicher namhaften Persönlichkeiten der Tschechischen Republik an. Das Archiv, 9000 Glasnegative, mittlerweile über die Website allgemein zugänglich, ist ein Spiegel der damaligen Gesellschaft. Ende der 1990er-Jahre erfuhr das Haus auf Initiative der Nachkommen eine Rundumerneuerung und erhielt einen Anbau. Heute ist es eine nichtkommerzielle Institution mit Fotoausstellungen junger, aber auch etablierter tschechischer sowie internationaler Künstler. Für die sehr gelungene Adaptierung des Altbaus zeichnet als Architekt Ladislas Labus verantwortlich. Eine Wendeltreppe erschließt die zweite Raumebene, von wo aus man einen Blick auf den Franziskanergarten erhaschen kann. Die Bibliothek enthält rund 600 Kunstbände und Fachbücher. Im Atrium plätschert ein Brunnen und es stehen einige Tische und Sessel zum Ausruhen und Plaudern bereit. Beim Verlassen der Galerie halten wir uns links und biegen beim Kino Světozor (Vodičkova 41) in die Pas-

Sagenhaft gute Sandwiches im Ovocný Světozor

sage mit gleichem Namen ein. In der ▶ Ovocný Světozor (Vodičkova 39, Tel. +420/224 947 557, www.ovocny svetozor.cz) sind die Chlebíčkys ein absolutes Muss, belegte Brötchen, jedes einzelne ein kleines Kunstwerk: schräg geschnittene Weißbrotscheiben, mit Butter bestrichen, mit Schinken, Salami, Lachs oder Käse belegt.

Kirche Maria Schnee, vom Franziskanergarten aus gesehen

Nach diesem kulinarischen Zwischenspiel durchqueren wir die Passage, halten uns nach den Stufen links und stehen vor dem Eingang zum ▶ Franziskanergarten (im Sommer 7–22, sonst 7–19 Uhr), auch das ein Schleichweg, wie ihn nur Leute benützen, die Prag gut kennen. Ein Ruhepool mitten im Trubel der Geschäftsstraßen, überragt von der ㉗ **Kirche Maria Schnee** (Kostel Panny Marie Sněžné). Auch das ist typisch für Prag: dieser abrupte Wechsel der Tonalität – der Stimmungen und Geräuschkulissen. Vom Licht ins Dunkel, vom Großstadtgedröhn zur klösterlichen Stille ist es oft nur ein Schritt.

Nach Verlassen der Gartenanlage stehen wir auf dem Jungmannplatz. Rechts befindet sich das ㉘ **Österreichische Kulturforum** (Jungmannovo nám. 18, Tel. +420/221 181 777, www .bmeia.gv.at/kultur/prag.html, Mo–Fr 10–17 Uhr), das als Kulturvermittler in der Stadt eine wichtige Rolle spielt.

Das österreichische Kulturinstitut am Jungmannovo nám.

Benannt ist der Platz nach dem böhmischen Sprachwissenschaftler Josef Jungmann (1773–1847), der zur Symbolfigur der nationalen Wiedergeburt im 19. Jh. wurde.

In der kleinen ▶ Cukrárna (Bäckerei, Perlova 8), wohin nun ein Abstecher führt, sind die zum Verkauf dargebotenen Mehlspeisen nur auf Tschechisch angeschrieben. Wir empfehlen: Marovsky kolaček (Golatsche mit Mohn und Powidl, in Wien Egerländer genannt), Kobliho (Krapfen), Pražský koláč (Prager Golatsche, riesig!) oder Liwanzen, Minipalatschinken (dick) mit warmer Heidelbeersauce und Schlagobers.

Nach dieser kleinen Stärkung beginnt nun die letzte Etappe der Tour, die uns durch die Nationalstraße (Národní třída) führt. Sie verläuft – wie der Graben (Na příkopě) – die ehemalige Stadtmauer entlang. „Neue Allee" hieß diese ursprünglich von Kastanien gesäumte Avenue. Ab 1864 wurde sie Ferdinandstraße genannt und nach der Gründung des neuen tschechoslowakischen Staates am 28. Oktober 1918 schließlich Nationalstraße. Sie war seit jeher die bevorzugte Promeniermeile der tschechischen Bevölkerung. Die Auswahl der Waren in den Geschäften ist weniger luxuriös als am Graben und orientiert sich mehr an den Bedürfnissen des Alltags.

Süße Stärkung für unterwegs

Auf Nr. 33 eröffnete 2007 das ▶ Hotel Metropol (Národní 33, Tel. +420/246 022 100, www.metropolhotel.cz) und ergänzt seither die noch nicht allzu lange Liste der Prager Designhotels.

Wie die Straße wurden auch die sich hier befindlichen Kaffeehäuser eindeutig dem tschechischen Teil der Bevölkerung zugeordnet. An erster Stelle rangierte das ㉙ **ehem. Union (Ecke Národní třída/Na perštýně)**, liebevoll „Unionka" genannt, das leider nur mehr in der Literatur existiert. „Es war lange Zeit die wichtigste Heimstatt für Künstler und Intellektuelle", schreibt Peter Demetz. Der Besitzer, so wird erzählt, ließ sein Grammophon vorwiegend zur eigenen Unterhaltung laufen, und der Oberkellner, auch er ein Faktotum, zahlte die Tageszeitungen, die er auflegte, aus eigener Tasche. Außerdem fungierte er jahrelang

Hotel Metropol: frisches Design, lockere Atmosphäre

als Ein-Mann-Kreditinstitut. Das Lokal war verwinkelt und setzte sich aus einer Reihe kleinerer Räume, Salons und Salönchen zusammen. Um Bekannte zu begrüßen, musste man die Runde machen und sich immer wieder wo dazusetzen. Zu Josef Gočár etwa, dem Hauptprotagonisten der kubistischen Architektur in Prag (► S. 39), oder zu Jaroslav Hašek (1883–1923), dem „Vater" des braven Soldaten Švejk, oder zu Karel Čapek, Autor vieler Theaterstücke, Prosawerke, Reportagen und Kinderbücher. Ihm verdanken wir das Wort „Roboter". Es tauchte erstmals 1920 in seinem Drama „R.U.R." auf und leitet sich von „robota", dem tschechischen Wort für Arbeit, ab.

Die nächste Station der Tour heißt 30 **Café Louvre** (Národní 22, Tel. +420/224 930 949, cafelouvre.cz, Mo–Fr 8–23, Sa, So 9–23.30 Uhr). Es zeichnet sich insofern aus, als es im Stiegenaufgang Großaufnahmen von Fotografien der anderen, heute nicht mehr existierenden Betriebe zeigt und sich somit als in-

Das Café Louvre – wo Einstein einst Zeitung las

Dokumentiert in Werfels Werken: das Ursulinenkloster

offizielle Dokumentationsstelle der Prager Kaffeehauskultur zu erkennen gibt. Im Foyer hängt ein großer, die ganze Wand ausfüllender Stadtplan, auf dem die legendären Cafés eingetragen sind. Man wählt die neben dem jeweiligen Namen vermerkte Nummer und bekommt – mittels Nostalgietelefon – die Geschichte des Lokals erzählt.

Haus Topič: Jugendstiljuwel

Ein paar Häuserblocks weiter liegt auf der rechten Straßenseite die ► Delikatessenhandlung Jan Paukert (Národní 17, Tel. +420/224 222 615, www.janpaukert.cz, Mo–Fr 9–19, Sa 10–19, So 11–17 Uhr). Hier kann man nicht nur Leckerbissen erstehen, sondern im hinteren Teil des Geschäfts ein, zwei Kanapkis (Canapes) oder Chlebíčkys (Brötchen) auch gleich verzehren und dazu ein Glas Weißwein trinken.

Wir wechseln die Straßenseite und kommen auf Nr. 8 am **31 Ursulinenkloster** vorbei – Schauplatz einiger Episoden aus Werfels „Der veruntreute Himmel".

In diesem Abschnitt der Nationalstraße fallen zwei Jugendstilbauten besonders auf. Sie wurden wie das Repräsentationshaus und das Kaufhaus U Nováků von Osvald Polívka erbaut und stellen mit diesen Bauten gemeinsam eine Serie dar, die Prag als die Stadt des Jugendstils ausweist.

Nr. 9 beherbergte das **32 ehem. Verlagshaus František Topič,** später zog die Redaktion der Zeitung *Lidové noviny* (dt. Volkszeitung, umgangssprachlich „lidovky") hier ein. Sie war in den 1920er-Jahren so etwas wie eine Institution. Ihren Ruf als Zeitung der Intellektuellen – zu den Redakteuren zählte u. a. auch der Schriftsteller Karel Čapek – behielt *Lidové noviny* bis 1939. Niemals ließ sie sich auf Boulevardthemen ein. 1953 eingestellt, erschien das Blatt im Januar 1988 erstmals wieder, damals noch im Untergrund, mit einem Vorwort des späteren Präsidenten Václav Havel. Seit April 1990 gibt es *Lidové noviny* wieder täglich am Kiosk. Die Redaktion übersiedelte in den ehemaligen Arbeiterbezirk Smíchov.

Im Haus der ehem. Versicherungsgesellschaft Praha ist heute eine ► Akademische Buchhandlung (Národní 7, Tel. +420/224 240 547, www.academia.cz) zu finden.

Dort, wo die Nationaltrasse auf den Moldaukai trifft, erhebt sich das ㉝ **Nationaltheater** (Ostrovní 1, Tel. +420/224 901 668, www.narodni-divadlo.cz). Lange Zeit wurde am Ständetheater (► S. 53) abwechselnd in tschechischer und in deutscher Sprache gespielt. Doch der Wunsch nach einem unabhängigen tschechischen Theater wurde Mitte des 19. Jh.s immer lauter. 1868 war es so weit: Spendengelder aus ganz Böhmen ermöglichten den Baubeginn, ins Fundament wurden Steine aus verschiedenen Bergen des Landes eingelassen. Der Bau zog sich in die Länge. Und als Kronprinz Rudolf 1881 Prag besuchte, entschied man sich, das Haus vorzeitig zu eröffnen. Gespielt wurde die von Smetana eigens für den Anlass komponierte Oper „Libuše". Danach setzte man die Bauarbeiten fort. Doch bevor

Das Nationaltheater, einst aus Spendengeldern finanziert

Das Café Slavia – Monument der Kaffeehauskultur

es zur Eröffnung kam, brach ein Großbrand aus und vernichtete Messingkuppel, Bühne und Zuschauerraum.

Nach erneuter Spendenaktion und zwei weiteren Jahren Bauzeit fand im November 1883 die endgültige Eröffnung statt – wieder mit Smetanas „Libuše". Kein Wunder, dass dieses Theater – mit seiner im Abendlicht schimmernden Kuppel – eine so starke Symbolkraft hat.

Über der Bühne ist die Aufschrift zu lesen: „Národ sobě" (Das Volk sich selbst). Das Nationaltheater wird als Dreispartentheater (Oper, Drama, Ballett) geführt.

Vis-à-vis dem Theater nimmt das 34 **Café Slavia** (Národní 1, Tel. +420/224 218 493, www.cafeslavia.cz, Mo–Fr 8–24, Sa, So 9–24 Uhr) das ganze Erdgeschoß eines repräsentativen Eckhauses am Moldaukai ein. Weil es den Blick freigibt auf den Fluss und die Silhouette von Hradschin und Veitsdom ist es so etwas wie das emotionale Zuhause der Prager. Als sich hier Ende des 19. Jh.s Theaterleute und Künstler der Avantgarde trafen, war es noch ein ganz gewöhnliches Kaffeehaus, eingerichtet mit Thonetstühlen und wackeligen Sofas mit abgewetzten Bezügen. „Dort saßen wir an einem Fenster zur Uferstraße und tranken Absinth. Das war ein wenig Koketterie mit Paris", gesteht Jaroslav Seifert, der später, 1984, als erster Tscheche den Literaturnobelpreis erhielt.

Das Slavia wurde 1993 im Design der 1930-Jahre wiedereröffnet. Die Schwarzweißfotos an den Wänden geben es als Ort mit Geschichte zu erkennen. Der Blick nach draußen unterstreicht die Einzigartigkeit. Das ist Prag! Und Prag duldet keinen Vergleich. Prag war nie ein Traum von Wien, Prag steht ohne Konkurrenz da.

Die besten Plätze zum Ausgehen

Diese „Route" folgt keinem genau definierten Parcours, sondern steckt zunächst die für Prag wichtigen Koordinaten – Bier, böhmische Küche, Absinth und Jazz – ab. Danach folgen – nach Bezirken bzw. Stadtvierteln aufgelistet – Adressen, die wir nach bestem Wissen und Gewissen empfehlen können.

Die Basics: Bier und böhmische Küche

„Pivaaa" – beim Klang dieses Wortes wird das Tschechische melodiös wie ein Lied. Etwas schwingt da mit – Freude? Ja! Die Tschechen lieben ihr Bier. Es ist für sie das beste der Welt. Tatsächlich existieren Hopfen, Malz und Brauwasser hier in ungewöhnlich guter Qualität. Das bekannteste tschechische Bier ist das Pilsner (Plzeňské) aus der 80 km südlich von Prag gelegenen Stadt Pilsen. Das Budweiser (Budvar) entsteht 150 km südlich von Prag und ist etwas milder. Staropramen („alte Quelle", www.staropramen.cz, www.pivovary-staropramen.cz) hat seit 1869 seinen Sitz in Prag im Bezirk Smíchov. Die angebotenen Sorten sind: světlé (hell), timavé (dunkel), režane (gemischt).

Unbedingt hingehen:

- U Dvou koček
- Jazz dock
- Blue Light Jazz Bar
- MeetFactory
- Žižkov

Einige der großen Brauereien haben nach der Wende Gastronomiekonzepte entwickelt. Eines der ersten von Pilsner betriebenen Lokale war das ❶ **Kolkovna** (V kolkovně 8,

Kolkovna – kulinarischer Botschafter der Brauerei Pilsen

Jelení
Mariánské hradby
Královský letohrádek (Belvedér)
Královská zahrada
Chotkova
U Prašného mostu
Brusnice
Jelení příkop
Pražský hrad
Zlatá ulička u Daliborky
Zahr. Na Opyši
Na Opyši
Staré zámecké schody
Fürstenberské zahrady
Zahr. na terase Jízdárny
sv. Víta, Václava a Vojtěcha
Vikářská
nám. U sv. Jiří
Jiřská
Pálffyovské zahr.
Ledeburská zahr.
Zahr. Na Baště
Zahr. Na Valech
U Zlaté studně
Valdštejnské nám.
Valdštejnská
Malostranská
Klárov
Pod Bruskou
U Bruských kasáren
nábř. Edvarda
U Železné
Hradčanské nám.
Rajská zahr.
Hartigovská zahr.
Sněmovní
Tomášská
Valdštejnská zahr.
Letenská
Mánes
Ke Hradu
Zámecké schody
Thunovská
Zámecká
Vojanovy sady
U Lužického semináře
Cihelná
Nerudova
Malostranské nám.
sv. Mikuláše
Jánská
Šporkova
Jánský vršek
Břetislavova
Vlašská
Tržiště
Karmelitská
Josefská
Mostecká
Dražického nám.
Míšeňská
Dražického
Saská
Malostranské most. věže
Karlův most
Lobkovická zahrada
Schönbornská zahrada
Vrtbovská zahr.
Prokopská
Lázeňská
Maltézské nám.
Velkopřevorské nám.
Hroznová
Na Kampě
Staroměstská mostecká věž
J. Červeného
P. Marie Vítězné
KAMPA GARDEN
Harantova
Nebovidská
Pelclova
Nosticova
MALÁ STRANA
Hellichova
Ostrov Kampa
Čertovka
U Sovových mlýnů
Semínářská zahrada
Újezd
U Lanové dráhy
Všehrdova
Besední
Říční
Malostranské nábř.
Střelecký ostrov
Nebozízek
Petřínské sady
Hladová zeď
U Cisterciáků
Šeříková
Vítězná
most Legií
Národní divadlo
Plaská
Mělnická
Zborovská
Janáčkovo nábř.
Rošického
Petřínská
Kinského zahrada
nám. Kinských
VLTAVA
Vodní
V Lesíčku
Dětský ostrov
Holečkova
Drtinova
Kroftova
Štefánikova
El. Peškové
Malátova
Pavla Švandy ze Semčic
Zubatého
Arbesovo nám.
Preslova
Kořenského
Nábřežní
Petržilkovský ostrov
Jiráskův most
V. Huga
V Botanice
Dienzenhoferovy sady
Matoušova
Kobrova
park Sacré Coeur
Kartouzská
nám. 14. října
Lesnická
Pecháčkova
Palackého most
Lidická
Ringhofferka
Plzeňská
Anděl
Na Bělidle
Staropramenná
Svornosti
Vrázova
Na Celné
Smíchov

JOSEFOV
HOTEL ALBATROS
Holešovice
34
35
36
21
Čechův most
Dvořákovo nábř.
Klášter sv. Anežky České
Na Františku
Malá Klášterní
nám. Curieových
Dušní
Kozí
U Milosrdných
Haštalské nám.
Haštalská
Hradební
Klimentská
Petrské nám.
Soukenická
Bílkova
Pařížská
Břehová
Staronová syn.
park Rosy Ha Sylin
Vězeňská
U Sv. Ducha
Široká
Dlouhá
Rámová
Rybná
10
22
23
1
Revoluční
Truhlářská
Zlatnická
IBIS
Na Poříčí
Havlíčkova
St. žid. hřbitov
17. listopadu
Valentinská
Žatecká
Maiselova
Jáchymova
Kostečná
Salvátorská
V Kolkovně
Masná
Týnská
Malá Štupartská
Benediktská
nám. Republiky
V Celnici
Nám. Republiky
2
Kaprova
nám. Fr. Kafky
Staroměstské nám.
M. Boží před Týnem
Týn
Jakubská
Štupartská
19
U Obecního domu
Obecní dům
Králodvorská
Hybernská
Mariánské nám.
Platnéřská
Linhartská
Staroměstská radnice
Celetná
Prašná brána
11
Malé nám.
Melantrichova
Železná
Karolinum
Ovocný trh
Senovážná
Dlážděná
Karlova
Husova
Jilská
5
16
20
Havířská
Na Příkopě
Nekázanka
Senovážné nám.
Liliová
Řetězová
Zlatá
Michalská
15
Havelská
Provaznická
3
Panská
Betlémská kaple
Betlémské nám.
Vejvodova
V Kotcích
Rytířská
Na Můstku
Můstek
Jindřišská
Jeruzalémská
13
Skořepka
Uhelný trh
8
Perlova
28. října
7
V Cípu
U Půjčovny
Růžová
Konviktská
Na Perštýně
Martinská
Můstek
Jungmannovo nám.
Politických vězňů
Olivova
6
Bartolomějská
Národní
Františkánská zahrada
Můstek
Národní třída (2014)
14
Charvátova
Vodičkova
Václavské nám.
Mikulandská
Ostrovní
Purkyňova
Jungmannova
Palackého
24
Opletalova
Washingtonova
Wilsonova
Voršilská
Spálená
V Jirchářích
Křemencova
25
Opatovická
Vladislavova
V Jámě
Štěpánská
31
32
Žižkov
Muzeum
4
27
Černá
Lazarská
Školská
Ve Smečkách
Krakovská
Mezibranská
Národní muzeum
Vinohr.
Novoměstská radnice
Navrátilova
Příčná
Řeznická
Čelakovského sady
Myslíkova
Odborů
Žitná
Karlovo nám.
Na Zbořenci
Na Zderaze
Malá Štěpánská
Na Rybníčku
V Tůních
Hálkova
Sokolská
Mikovcova
nám. I. P. Pavlova
Vocelova
Resslova
Karlovo náměstí
Ječná
I. P. Pavlova
Tylovo nám.
Jenštejnská
Václavská
Salmovská
Lípová
Melounova
Kateřinská
Ke Karlovu
Legerova
Na Moráni
U Nemocnice
Pod Slovany
Vyšehradská
Na Slovanech
Klášter Na Slovanech (Emauzy)
Ve Větrově
Viničná
Na Bojišti
Lublaňská
Tyršova
NOVÉ MĚSTO
Na Hrádku
Benátská
Apolinářská
Fügnerovo nám.
Pořičním
© SHOCART
Maßstab: 1:12.000

Celnice, nahe dem Platz der Republik

Tel. +420/224 819 701, www .kolkovna.cz, 11–24 Uhr), das 2004 von *The Prague Post* gleich zum besten Pub des Jahres gekürt worden ist. Das Konzept – Hausmannskost und erstklassiges Bier – hat sich als äußerst erfolgreich erwiesen, sodass es mittlerweile mehrere Standorte in Prag gibt: z. B. ❷ **Celnice** (V celnici 4, Tel. +420/224 212 240, tägl. 11–24 Uhr) und ❸ **Palác Savarin** (Na příkopě 10, Tel. +420/277 008 880, tägl. 11–24 Uhr). Die Preise gelten – für die Innenstadt – als moderat, daher ist das Publikum gemischt, und es kann durchaus vorkommen, dass der Sitznachbar sich als echter Tscheche entpuppt. Ein weiterer Vorteil: Wer hier gebratene Ente (pečená kachna) mit Knödel und Rotkraut oder Schweinsstelze (vepřové koleno) bestellt, wird nicht auf zähes, trockenes Fleisch beißen, weil ungeheure Mengen dieser Gerichte täglich umgesetzt werden.

Ähnlich ist das Konzept von ► Potrefená Husa (dt. totgeschossene/erlegte Gans); auch hier handelt es sich um eine Kette, nämlich jene, die von der Brauerei Staropramen betrieben wird. Die über ganz Prag verstreuten Lokale folgen alle dem gleichen

Gemischtes Publikum im Palác Savarin am Graben

U Fleků: seit 500 Jahren immer gut besucht

Prinzip: eine Bar, eine Reihe erhöhter, gepolsterter Sitze, mehrere Screens, über die Sportübetragungen flimmern. Anders die bodenständigen Wirtshäuser, wie ❹ **U Fleků** (Křemencova 11, Tel. +420/224 934 019-20, www.ufleku.cz, tägl. 10–23 Uhr) und ❺ **U Zlatého tygra** (Husova 17, Tel. +420/222 221 111, www.uzlatehotygra.cz, tägl. 15–23 Uhr), das Stammlokal von Bohumil Hrabal (▶ S. 90), beide fest in Touristenhand. In den bis auf den letzten Platz besetzten Stuben rücken Norweger, Koreaner, Japaner und Russen enger zusammen und kosten sich durch die böhmische Küche durch. Niemand wundert sich, wenn der Kellner unaufgefordert ein zweites Bier vor einem hinstellt, das ist eben so Usus.

Das „Dunkle": Bierspezialität im U Fleků

Altehrwürdig und bei Touristen entsprechend beliebt ist auch ❻ **U Medvídků/Zum Bären** (Na Perštýně 7, Tel. +420/224 211 916, www.umedvidku.cz, Mo–Fr 11–23, Sa 11.30–23, So 11.30–22 Uhr), unter einem seit 1466 bestehenden länglichen, ebenerdigen Gewölbe. Das Bier, das hier ausgeschenkt wird, stammt aus der Brauerei Budweiser. Beliebtestes Gericht ist die Hochzeitsplatte für zwei Personen mit Ente, Schweinsbra-

U Medvídků – Traditionsbeisl „Zum Bären“

Original-Prag-Atmosphäre bei den zwei Katzen

ten, Geselchtem und Würsteln. Die seit dem Mittelalter hier bestehende Brauerei wurde zu einem Dreisternehotel umgebaut.

❼ **U Pinkasů** (Jungmannovo nám. 16, Tel. +420/221 111 150, www.upinkasu.de, tägl. 16–2 Uhr) blickt ebenfalls auf eine lange Geschichte zurück. Sie beginnt bei einem gewissen Herren Pinkas, der hier das eben auf den Markt gekommene Pilsner ausschenkte. Im 19. Jh. gehörten berühmte Männer zu den Stammgästen – angefangen von Josef Jungmann, der dem Platz seinen Namen gab (► S. 70) über Bohumil Hrabal (► S. 90) bis hin zu T. G. Masaryk und seinem Sohn Jan Masaryk. Von Kutteln über Kartoffelpuffer bis hin zum Karpfen in Schwarzbier offeriert die Karte echt Böhmisches, das es wert ist, durchprobiert zu werden.

❽ **U Dvou koček/Zu den zwei Katzen** (Uhelný trh 10, Tel. +420/224 229 982, www.udvoukocek.cz, tägl. 11–23 Uhr) nennt sich eines der guten alten Beisln, das – unbeschadet, was Interieur und Küche betrifft – wie durch ein Wunder überlebt hat. Hier herrscht noch diese melancholisch-schwermütige Atmosphäre, die viele mit Prag verbinden, ja von dieser Stadt geradezu erwarten. Man hört dem alten Akkordeonspieler zu und kommt sich vor wie in einem Schwarzweißfilm. Die Küche gibt sich bescheiden: Guláš, Svíčková (Rindsschnitzel in Rahm-Wurzel-Sauce) mit houskové knedlíky (Semmelknödel) oder špekové knedlíky (Speckknödel) sind jedoch eine gute Wahl.

Auf der Kleinseite (Malá Strana) sei auf das im Retrostil restaurierte Gewölbe ❾ **Malostranská beseda** (Malostranské nám.

Malostranská beseda: unter den Arkaden des Alten Rathauses

21, Tel. +420/257 409 112, www.malostranska-beseda.cz, tägl. 11–23 Uhr) hingewiesen. Es firmiert als Pilsner Urquell Original Restaurant (PUOR) und zeigt bei der Zubereitung der Klassiker Ente mit Kraut und Knödel sowie Schweinsstelze erstaunlich viel Expertise.

Eine Neuauflage der traditionellen Pivnice stellt das ⑩ **Lokál** (Dlouhá 33, Tel. +420/222 316 265, http://ambi.cz/ambi_lokal.php, Mo–Fr 11–1, Sa 12–1, So 12–22 Uhr) dar. Der erste Eindruck ist der einer Bahnhofshalle, die in die Holztäfelung eingravierten Kritzeleien spielen auf die in Prag allgegenwärtigen Graffiti an, sorgen für ein gewisses Augenzwinkern, eine ironische Brechung, die Küche überrascht mit hoher Produktqualität bei so simplen Gerichten wie Frankfurter mit Kren und Senf oder Rindfleisch in Rahmsauce mit Knödel. Alles sehr schräg und doch eine runde Sache.

Francouzská restaurace im Obecní dům

Um das Thema „Essen" abzuschließen, noch zwei Tipps: Die ⑪ **Francouzská restaurace** (náměstí Republiky 5, Tel. +420/222 002 770, www.francouzskarestaurace.cz, tägl. 12–23 Uhr) im Obecní dům (► S. 87) ist so strahlend schön, dass man zögert hineinzugehen. Mehrere Filme wurden hier gedreht (u. a. die Edith-Piaf-Biografie und Hrabals „Ich habe den englischen König bedient"), dennoch handelt es sich nicht um eine Touristenfalle. Der Saal erstrahlt im Licht der funkelnden Messinglüster, der Pianist streicht sanft über die Tasten, und der Service

Prag bei Nacht – von der Kleinseite aus betrachtet

agiert professionell im Hintergrund. Die Küche des französischen Sternekochs Jacques Auffrays braucht den Vergleich mit anderen Metropolen nicht zu scheuen, sie ist leicht und stimmt subtil Aromen, Farben und Texturen aufeinander ab.

Konkurrenz, was das Ambiente – nicht die Küche – betrifft, stellt das ⓬ **Kampa Park** (Na Kampě 8b, Tel. +420/257 530 533, www.kampapark.com, tägl. 11.30–1 Uhr) dar. Im Sommer sitzt man direkt am Wasser. Schwäne schwimmen neben den blütenweiß gedeckten Tischen vorbei, Sightseeingboote schaukeln in der Dämmerung, die Lampen tragen Flügel und stammen von dem Designer Ingo Maurer. Romantischer geht's gar nicht mehr.

Restaurant Kampa Park

Die Prager In-Crowd trifft sich gerne auch in Vinotheken. Die

⑬ **Vinný Bar Monarch** (Na Perštýně 15, Tel. +420/224 239 602-3, www.monarch.cz, Mo–Sa 15–24 Uhr) ist stets gut besucht, wobei an den Tischen vorwiegend Tschechisch gesprochen wird. Beliebt sind vor allem die Antipasti-Teller mit Käse, Salami und Pasteten, aber auch Fondues und Raclettes.

Übrigens isst man auch in den Prager Kaffeehäusern sehr gut (Louvre ► S. 105, Slavia ► S. 108, Imperial ► S. 86 und Savoy ► S. 74).

Wein statt Bier in der Vinný Bar Monarch

Absinth – ein Exkurs

Das giftgrüne Kultgetränk hat etwas Verruchtes, Verbotenes, es wird mit exzentrischen Künstlern wie Vincent van Gogh, Pablo Picasso oder Oscar Wilde in Verbindung gebracht. Berauschend daran ist nicht so sehr der hohe Alkoholgehalt von 70 Prozent, sondern eher das Nervengift Thujon. Im Café Slavia (► S. 108) zeigt das große Gemälde an der Wand einen einsamen Trinker, an dessen Tisch schemenhaft die „Fee in Grün" erscheint. Die Prager Bohème war dem Absinth nicht abgeneigt, Paris galt im 19. Jh. auch bei den Trinkgewohnheiten als Vorbild. In den meis-

Die grüne Versuchung: Absintherie in der Jilská

Reduta Jazz Club – seit den Fifties beliebt

ten Ländern Europas durfte das aus Wermut, Sternanis, Fenchel und Kräutern hergestellte Getränk allerdings ab 1920 nicht mehr ausgeschenkt werden, in Prag erlebt es seit der Wende eine Renaissance. Der moderne, EU-konforme Absinth enthält allerdings nur noch maximal 30 Milligramm Thujon pro Liter Alkohol – zu van Goghs Zeiten waren es bis zu 80 Milligramm. Getrunken wird der Absinth meist pur, versüßt mit einem Löffel Zucker. Der Kellner oder die Kellnerin taucht ihn in die grüne Flüssigkeit, zündet ihn mit einem Streichholz an, und wenn der Zucker zu karamellisieren beginnt, wird er in den Absinth gerührt. Der Showeffekt ist groß, das Trinkritual hat aber mit dem Klassiker nichts zu tun und verändert auch die Wirkung nicht.

U Staré paní: junges Publikum in der „Alten Dame“

Prag und der Jazz

Jazz und Prag – das ist ein Kapitel für sich. Das gehört zusammen. Das hat Tradition. Diese Tradition reicht in die 1940er-Jahre zurück, als Prag von den Deutschen besetzt und alles Amerikanische offiziell verpönt war. Jazz hatte etwas Subversives, und das blieb auch im Kommunismus so.

Der 1958 gegründete ⑭ **Reduta Jazz Club** (Národní třída 22, Tel. +420/224 933 487, www.redutajazzclub.cz, tägl. ab 21.30 Uhr) existiert bis heute, und viele der Gäste wie auch der Musiker sind diesem Jahrgang zuzuordnen. Mehrgenerationenmix und Internationa-

Jazz dock fördert junge tschechische Talente

lität stellen das Besondere an diesem Club dar. Die Bühne nimmt die Schmalseite des Raumes ein, sie ist nicht sehr groß, was den Kontakt zwischen Musikern und Publikum verstärkt.

Der Jazzclub 15 **U Staré paní** (Michalská 9, Tel. +420/602 148 377, www.jazzstarapani.cz, tägl. 19–1 Uhr) liegt im Souterrain des Hotels Zur alten Dame (U Staré paní). Mit der Generation 55plus hat er allerdings nichts am Hut. Das gesamte Lokal wird von schummrigen Rottönen dominiert und wirkt fast etwas verrucht. Das Publikum ist auch hier sehr gemischt, das Programm fokussiert Jazz, Blues, Latin und wechselt täglich.

16 **AghaRTA** (Železná 16, Tel. +420/222 211 275, www.agharta.cz). Der Name des in einem der Kellergewölbe der Altstadt gelegenen Traditionsklubs spielt auf Miles Davis' legendäres Album aus den 1970er-Jahren an und wird von ARTA records, dem größten tschechischen Jazz Label, betrieben. Jeden Abend ab 21 Uhr kann man hier Liveauftritte der besten tschechischen Jazzinterpreten miterleben, und beim AghaRTA-Festival mischen sich auch internationale Größen darunter.

Das 17 **Jazz dock** (Janáčkovo nábřeží 2, Tel. +420/774 058 838, www.jazzdock.cz, Mo–Sa 15–4, So 15–2 Uhr) ist relativ neu in der Prager Musikszene und möchte vor allem das einheimische Publikum ansprechen. Der gläserne, neu errichtete

Kubus befindet sich am linken Moldauufer, beeindruckt durch sein frisches Design und den Ausblick, den man vom Deck aus hat. Das Projekt wurde nach mehrjährigen bürokratischen Komplikationen vom großen Jazzfan Vladimír Lederer durchgesetzt und realisiert. Das Programm sieht zwei Konzerte pro Abend vor und zielt dabei darauf ab, neue Talente zu fördern.

⑱ **U Malého Glena** (Karmelitská 23, Tel. +420/257 531 717, www.malyglen.cz, tägl. ab 21.30 Uhr) nennt sich ein winziger Club auf der Kleinseite mit täglich wechselndem Liveprogramm. Sternstunden des „Jazz made in the Czech Republic" erlebte das Prager Publikum hier 2011, als der Saxophonist Karel Růžička aus New York zu Besuch hier war und mit seinem Vater, dem Piano-Altmeister gleichen Namens aufgeigte. Immer am Sonntag gibt es „Jamm-Session", wobei das Level der Darbietungen erstaunlich hoch ist.

Staré Město/Altstadt, Prag 1

Hier bewegt man sich auf dem touristisch heißesten Pflaster von Prag, zugleich aber stößt man auf Orte mit Tradition. Nach dem Ersten Weltkrieg, als Wien den Gürtel drastisch enger schnallen musste, ging es im Prag der Ersten Republik hoch her. Von den romantischen Weinstuben oder den Kaffeehäusern wechselte man in kleine, intime, elegant eingerichtete Bars, in denen eine Drei-Mann-Band spielte oder ein Klavierspieler und ein Schlagzeuger die neuesten Schlager zum Besten gaben. Ein Relikt aus dieser Zeit ist das ⑲ **Chapeau rouge** (Jakubská 2, Tel. +420/222 316 328, www.chapeaurouge.cz). Es existiert bereits seit 1919 an der gleichen Adresse. Die Räume haben etwas wunderbar Abgegriffenes, Speckiges – wie ein altes Ledersofa. Das Stimmengewirr setzt sich aus dem für Prag typischen amerikanisch-italienisch-französisch-deutsch-spanischen Sprachenmix zusammen. Im ersten Stock wird getanzt, hier gibt's jeden

Chapeau rouge – lässig-lockeres „Rotkäppchen" in der Altstadt

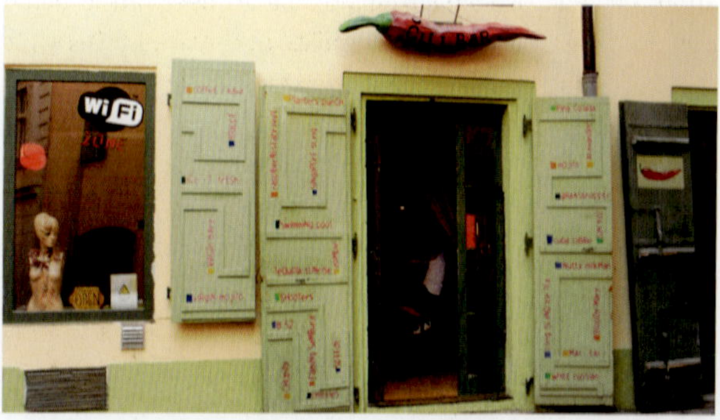

Čili Bárek – klein und cosy

Abend Programm mit wechselnden DJs. Der Keller ist für Live-Gigs reserviert.

⑳ **Čili Bárek** (Kožná 8, Tel. +420/777 945 848, www.cilibar.cz) nennt sich eine kleine Bar in einer Seitengasse der Melantrichova, über die sich die ganze Nacht lang ein Menschenstrom ergießt. Musiker, Maler, Performer und Filmleute gehören zur Klientel des Čili, das von seiner länglichen Form her einer Chilischote gleicht und von Ondrej Urban, dem Betreiber, als Chill-out-Zone für seine Freunde geschaffen wurde. Das Wortspiel ist Teil des Konzepts. Alles ist mit Bedacht gewählt, von der Farbe der Tapeten über die Musik – Acid, Jazz, Funk – bis hin zu den Drinks. Da im Stadtzentrum alles so überteuert ist und kaum mehr wer hier wohnt, braucht es einen Platz wie das Čili, damit man sich nicht aus den Augen verliert.

U bukanýra House Boat Music Bar

Die ㉑ **U bukanýra House Boat Music Bar** (nábřeží L. Svobody, bei der Brücke Štefánikův most, www.bukanyr.cz, Do 19–3, Fr, Sa 21–6 Uhr) ist bei Pragern ebenfalls sehr beliebt. Auf 150 Quadratmetern und zwei Dancefloors drängen sich an den Wochenenden bis zu 300 Leute. Im Programm Funk, Drum 'n' Bass und Electro. Oft gastieren hier auch DJs aus Schweden, Deutschland oder Österreich.

Josefov/Josefstadt, Prag 1

Das ㉒ **Roxy** (Club Roxy, Dlouhá 33, Tel. +420/602 691 015, www.roxy.cz) bildet mit dem im ersten Stock gelegenen NoD (► S. 49) eine Art Einheit in einem prominent gelegenen Eckhaus der Dlouhá. Man trifft sich am frühen Abend „oben" zum Reden und wechselt dann später in den Keller. Lange Zeit galt das Roxy als der Underground-Treffpunkt von Prag. Auch heute bekommt man hier eher Hardcoremusik zu hören als in den anderen Prager Clubs (Drum 'n' Bass, Jungle oder Techno). Zum Tanzen bietet die hangarartige Location jedenfalls Platz genug.
㉓ **2 Patro** (Dlouhá 37, www.2patro.cz, Mo–Do 19–2, Fr, Sa 19–4 Uhr) – dieser Club verkörpert das geheimnisvolle, versteckte Prag. Er liegt im Hinterhof eines alten Arkadenhauses im jüdischen Viertel. Kein Hinweisschild gibt ihn von der Straße aus zu erkennen. Man steigt über eine schmale Treppe in den 2. Stock (daher der Name „2 Patro", dt. 2. Stock), stößt eine Tür auf und findet eine gut bestückte Bar, angenehme Bohème-Atmosphäre und nette Leute.

Lucerna Music Bar: eine Institution

Nové Město/Neustadt, Prag 1

Die ㉔ **Lucerna Music Bar** (Vodičkova 36, Tel. +420/777 108 142, http://lucerna.musicbar.cz) ist auch ein Klassiker (► S. 100). Eine lange Bar, viel Platz zum Sitzen, eine große Tanzfläche. Tschechische Rockbands wie „Laura and her Tigers" treten hier ebenso oft und gerne auf wie „The Jars" aus Kalifornien oder „Nada Surf" aus New York.

Viertel hinter dem Jiráskovo náměstí, Prag 1

㉕ **Kavárna Rybka** (Opatovická 7, Tel. +420/224 931 265, www.rybkapub.cz, tägl. 9.15–22.30 Uhr): In diesem Buch-Café mit dem skurrilen Namen „Fisch" bzw. „Fischlein" herrscht genau die Atmosphäre, die einen ganz nahe an die Stadt herankommen lässt: Prag wie es leibt und lebt. Hier wird noch ungehemmt ge-

Kavárna Rybka: Prager und Pragerinnen unter sich

raucht und geredet, als wäre die Zeit stehen geblieben. Irgendwo in den 1960er-Jahren.

Das 26 **Dynamo** (Pštrossova 29, Tel. +420/224 932 020, www.dynamorestaurace.cz, tägl. 11.30–24 Uhr), ein von zwei Designern entworfenes und Ende der 1990er-Jahre eröffnetes Restaurant, ist Kult: Kaum Dekor, zwei symmetrisch angeordnete Tischreihen, helle Holzfußböden, pistaziengrüne Wände. Die Karte stellt einen Mix aus Mitteleuropäischem und Mediterranem mit kleinen Ausflügen ins Vegetarische dar.

27 **Nebe** (Křemencova 10, Tel. +420/777 662 081, www.nebepraha.cz, Mo 18–2, Di–Mi 18–3, Do 18–4, Fr–Sa 18–5 Uhr) bedeutet „Himmel", was eher auf das Konzept als auf die

Dynamo: grüne Wände und vegetarisch angehauchte Küche

Partyfeeling im Nebe (dt. Himmel)

Location anspielt, denn der Club befindet sich in einem Kellergewölbe. Die effektvoll beleuchtete Bar nimmt fast die ganze Längsseite des Lokals ein und ist ideal zum Posieren. In den komfortablen Lounges hingegen lehnt man sich lässig zurück und nippt an seinem Drink. Aus den Boxen dröhnt Partymusik, Songs im R&B-Stil von Beyonce bis Timberlake.

Malá Strana/Kleinseite, Prag 1

Der parallel zum Moldauufer verlaufende Újezd ist so etwas wie der Corso der Kleinseite – eine beliebte Gegend auch für die Prager. Touristen treten hier, wenn überhaupt, nur einzeln und nicht in Gruppen auf, das Bier ist um einiges billiger als in der Altstadt, der Petřín-Hügel mit seinen lauschigen Plätzchen gleich nebenan, und außerdem gibt es noch eine ganze Reihe netter Cafés und Bars.

Mit seinem angenehm abgegriffenen Ambiente ist der 28 **Klub Újezd** (Újezd 18, Tel. +420/251 510 873, www.klubujezd.cz, tägl. 18–4 Uhr) bei Schulschwänzern sehr beliebt, wie es

Klub Újezd: jeden Abend Programm

scheint. Schon am Nachmittag sitzen hier junge Leute an der Bar, trinken Bier und rauchen selbstgedrehte Zigaretten. Abends wird fast täglich Programm gemacht, wobei Punk, Ska und Jazz den Ton angeben.

Auch im 29 **Popocafepetl** (Újezd 19, Tel. +420/739 110 021, www.popoujezd.cz, tägl. 18–2 Uhr), dem Kellerlokal im Nachbarhaus, ist allabendlich was los. Freitag und Samstag werden die Eighties und Nineties heraufbeschworen, am Sonntag spielt meist eine Gipsyband, der Montag gehört der Latin music. Das Popocafepetl gibt es auch an vier anderen Adressen in Prag, u. a. in der Italská in Žižkov.

Popocafepetl: unaussprechlich und gut

30 **Blue Light Jazz Bar** (Josefská 1, Tel. +420/257 533 126, www.bluelightbar.cz, tägl. 18–3 Uhr). Ein schummrig beleuchteter Raum, eine Theke, an der man dicht beieinander steht und gutes tschechisches Bier trinkt. Eine Tür, durch die jeden Moment ein internationaler Filmstar einfach so hereinschneien kann. Eine Gewölbedecke, auf der alle, die jemals hier waren, ein Graffito hinterlassen haben. Kein Zweifel: So etwas wie die Blue Light Jazz Bar findet sich so schnell kein zweites Mal …

Blue Light Jazz Bar: Kellergewölbe mit Kultstatus

Žižkov, Prag 3

Es gibt in Prag kaum einen anderen Ort mit einer solchen Dichte an Lokalen (▶ www.lexikonhospod.cz). Žižkov ist ein Phänomen.

Bei Tag wird das Viertel dominiert von dem Fernsehturm und dem monumentalen Denkmal auf dem Vítkov-Hügel. Abends beleben sich die engen Gassen zwischen den abgewohnten Mietshäusern. Jedes der Lokale hat seinen eigenen Charme – vom Teehaus mit selbstgezimmertem Einrichtungsinventar und WG-Wohnzimmeratmosphäre über den rustikalen Bierkeller, bis hin zum coolen Club. Viele Wirte leben von ihren Stammgästen. Diese „štamgasty", wie man im Tschechischen sagt, sehen ihr Grätzel als Staat im Staate. Um die Probe aufs Exempel zu machen, initiierte das Rathaus 2002 spaßhalber ein Referendum, bei dem sich 91 Prozent der Žižkovianer für eine Abspaltung von Prag aussprachen. Was außerdem noch für die „Republik Žižkov" spricht: Man erreicht sie bequem auch ohne Taxi. Die Straßenbahn Nr. 9 fährt vom náměstí Republiky alle vier bis fünf Minuten los und tingelt quer durch das Viertel. Am besten man steigt bei der Station Lipanská aus und heftet sich anderen Nachtschwärmern an die Fersen.

MeetFactory – multifunktionales Fabriksgelände

31 Palác Akropolis (Kubelíkova 27, Tel. +420/296 330 911, www.palacakropolis.cz) lautet der offizielle und nicht ganz unbescheidene Name (palác bedeutet Palast) für ein kaum übersehbares Eckhaus. Ende der 1960er-Jahre sind hier die „Plastic people of the universe" aufgetreten, eine der ersten Bands im ehemaligen Ostblock, die Stücke progressiver westlicher Rockmusiker und Komponisten wie Jimi Hendrix oder Frank Zappa nachspielten. Man kann in diesem Labyrinth zwischen Café, Restaurant (beides im Erdgeschoß) und zwei Bars (im Keller) nach Herzenslust Barflying betreiben. Das Publikum ist bunt gemischt, die Atmosphäre ungezwungen.

32 Hapu (Orlická 8, Tel. +420/222 720 158, tägl. 18–2 Uhr) heißt „Living room" in der Sprache der Maori. Der kleine, mit Teppichen und Sofas ausgestattete Raum wirkt tatsächlich wie ein Wohnzimmer. Cosiness und exotische Cocktails als probates Mittel gegen Fernweh. Der Besitzer ist Musiker und sorgt für den dazu passenden Sound.

SasaZu: derzeit der Renner

Smíchov, Prag 5

33 **MeetFactory** (Ke sklárně 15, Tel. +420/251 551 796, www.meetfactory.cz): Errichtet in den Räumen der ehemaligen Eisenbahnverwaltung, definiert sich diese 2006 direkt an den Gleisen liegende „Fabrik" als internationales, multifunktionales Kunstzentrum. Das ambitionierte Konzept will Galerie, Atelier, Tonstudio, Café, Musikklub, Theater und Verlag thematisch verknüpfen und wird von David Černý (▶ S. 98) umgesetzt. Im Sommer stehen die Bänke im Freien, man sitzt da und sieht die Lichter der vorbeifahrenden Züge aufleuchten und wieder in der Dunkelheit verschwinden, drinnen hämmern die Bässe. (Zu erreichen mit dem Taxi oder zwei Stationen mit der Straßenbahn 12 oder 14 von der Metrostation Bahnhof Smíchov/Smíchovské nádr. Richtung Sídliště Barrandov.)

Holešovice, Prag 7

Berlin grüßt Holešovice! In diesem ehemaligen Industrieviertel an der Moldau haben Bierlokale und Nachtclubs eines gemeinsam: Vielfalt. Ein Schuss Exzentrik ist wohl auch dabei.
Seit seiner Eröffnung vor drei Jahren ist das 34 **SasaZu** (Bubenské nábřeží 13, Tel. +420/284 097 445, www.sasazu.com, So–Do 12–24, Fr, Sa 12–1 Uhr) *talk of the town.* Loungemusik und dezentes Stimmengemurmel stecken im Restaurant akustisch den Rahmen ab. Optisch fügt sich alles zu einem luxuriös anmutenden Ambiente – große Spiegel, ballonförmige Riesenlampen, Fauteuils, in denen man versinkt, kaum, dass man Platz genommen hat. Der asiatische Touch passt zur Fusionküche mit ausgesuchten Leckerbissen aus Japan und Thailand. (Unbedingt reservieren!) Außer dem schicken Restaurant wartet das SasaZu noch mit einer Disco auf, mit 5500 Quadratmetern die größte in

DJ-Set im Wakata

Europa, das absolute Must-have-been in Prag! Digitale Großbildschirme von sage und schreibe 100 Metern Länge finden sich, nein, nicht etwa an den Wänden, sondern auf dem Fußboden im Bar- und WC-Bereich.

Im 35 **Wakata** (Malířská 14, Tel. +420/725 543 660, www.wakata.cz, Mo–Do 17–3, Fr 17–5, Sa 18–5, So 18–3 Uhr) wird mit Drum 'n' Bass, Funk, Reggae und Hip-Hop aufgewartet. Der Club hat jeden Tag Live-Djs (ohne Eintritt!), manchmal auch Livekonzerte und Kunstausstellungen. Die Wände zieren Graffiti, die Atmosphäre ist cool.

Den 36 **Cross Club** (Plynárni 23, Tel. +420/775 541 430, www.crossclub.cz, tägl. 14–2 Uhr) zieren Lampen aus Abflussrohren oder das Getriebe eines Pkw, bewegliche Skulpturen aller Art, aufpoliert und mit großer Sorgfalt montiert. Wie zu Recht vermutet, handelt es sich um das Werk eines Künstlers. Der Besitzer hat Gegenstände von der Mülldeponie zusammengetragen, dann eine erste Bar eröffnet, danach den Gastronomiebereich hinzugebaut. Entstanden ist ein mechanischer Organismus, der sich im Rhythmus von Ska-Punk-Rockabilly-Techno-Drone-Dub-Jungle-Hip-Hop-Chillout bewegt. Viele Livekonzerte stehen auf dem Programm, dazwischen immer wieder auch Theateraufführungen.

Cross Club – schräg in jeder Hinsicht

Informationen und nützliche Adressen

Anreise

Auto
In Tschechien gilt: Lichtpflicht ganztags und ganzjährig sowie strengstes Alkoholverbot. Die Geschwindigkeitsbeschränkungen in Ortschaften liegen bei 50 km/h, auf Landstraßen bei 90 km/h, auf Autobahnen bzw. Schnellstraßen (Straßen I. Klasse) bei 130 km/h. Für die Benützung von Autobahnen und Straßen I. Klasse ist eine Vignette vorgeschrieben. Erhältlich ist sie an den Grenzübergängen.
Weitere Infos: www.autobahn.cz

Bahn
Von Wien nach Prag (Hauptbahnhof/Hlavní nádraží) verkehren mehrmals täglich Züge. Die Fahrtdauer beträgt knapp 5 Stunden. Weitere Infos: www.oebb.at, www.bahn.de,
www.sbb.ch

Flug
Der Flughafen Prag-Ruzyně liegt etwa 15 km westlich der Innenstadt und ist mit dem Airport Express (AE), einem Bus, der vom Hauptbahnhof tägl. zwischen 5 und 22 Uhr im 30-Minuten-Takt abfährt, erreichbar. Die Fahrt dauert 45 bis 60 Minuten.
Weitere Infos: www.prg.aero, www.czech-transport.com

Bus
Zwischen dem Vienna International Busterminal (VIB) in Erdberg und dem Busbahnhof Florenc in Prag verkehren drei Mal täglich Busse. Die Fahrt dauert 4 Stunden und kostet hin und retour € 38,–. Weitere Infos: www.eurolines.at, https://westbus.at

Auskunft

Botschaften
Österreichische Botschaft Prag
Viktora Huga 10
Tel. +420/257 090 511
www.aussenministerium.at/prag
Deutsche Botschaft Prag
Vlašská 19, Tel. +420/257 113 111
www.prag.diplo.de
Schweizerische Botschaft
Pevnostni 7, Tel. +420/220 400 611
www.eda.admin.ch/prag

Infostellen in Prag
Prager Informationszentrum
Staroměstské náměstí 1
Tel. +420/221 714 444
www.praguewelcome.cz/de
Tägl. 9–19 Uhr

Allgemeine Informationen

Notruf
Europaweite
Universalnummer 112
Polizei 158
Arzt 155
Feuerwehr 150

Telefon
Die Vorwahl vom Ausland
nach Prag ist: +420
Nach Österreich: +43
Nach Deutschland: +49
In die Schweiz: +41

Geld wechseln
In der Altstadt liest man immer wieder „0% Commission“. Oder „Best rates of town“. Das Angebot bezieht sich aber nur auf den

„Kauf" ausländischer Währung, nicht aber auf den Tausch. Wer Geld wechseln will, muss dafür eine Kommission bezahlen – wie viel das ist, dafür gibt es keine Regel. Jede Wechselstube hat eigene Preise. Besser Geld vom Bankomaten abheben.
Kurs: 25 CZK = 1 Euro

Feiertage in der Tschechischen Republik

1. Jänner: Neujahr
März/April: Ostermontag
1. Mai: Internationaler Tag der Arbeit
8. Mai: Tag der Befreiung vom Faschismus
5. Juli: Tag der Heiligen Cyrill und Method
6. Juli: Jan-Hus-Tag
28. September: Tag der tschechischen Selbstständigkeit
28. Oktober: Tag der Unabhängigkeitserklärung
17. November: Tag des Kampfes für Freiheit und Demokratie
25./26. Dezember: Weihnachten

Trinkgeld

Es ist üblich, 10 bis 15 Prozent Trinkgeld zu geben, wenn man mit dem Service zufrieden war.

Öffnungszeiten

Kaufhäuser: Mo–Fr 8.30–20, Sa 8.30–18 Uhr
Geschäfte: Mo–Fr 8.30–17 bzw. 18, Sa 8.30–13 Uhr
Restaurants haben in der Regel durchgehend geöffnet.

Unterwegs in Prag

Parken

Das Parken in der Innenstadt ist gebührenpflichtig. Bei Missachtung der Vorschriften wird das Auto gnadenlos abgeschleppt. Falschparker zahlen 1000 CZK Strafe. Überwachte Parkplätze oder Garagenplätze in Hotels kosten ca. 300 CZK pro Tag.

Öffentliche Verkehrsmittel

Bus, U-Bahn und Straßenbahn verkehren von 5–24 Uhr. Fahrscheine sind am Automaten, in den U-Bahn-Stationen und in der Trafik erhältlich. Für die meisten Fahrten innerhalb der Stadt genügt ein Fahrschein für 30 Minuten à 24 CZK oder für 90 Minuten à 32 CZK. Sonst empfiehlt sich die Tages- oder Dreitageskarte à 110 CZK bzw. 310 CZK
„Flott durch die Stadt" nennt sich ein Faltplan mit Hinweisen, wie die wichtigsten Sehenswürdigkeiten mit Öffis zu erreichen sind. Erhältlich u. a. in der U-Bahn-Station „Muzeum".
Weitere Infos: www.dpp.cz/de

Taxi

Es empfiehlt sich, ein Funktaxi zu rufen, das mit dem Firmennamen gekennzeichnet ist – z. B. mit „AAA", zu erreichen über Tel. 14014 oder 277 277 277. Diese Unternehmen werden regelmäßig von der Stadtverwaltung überprüft. In jedem Fall gilt: Der Fahrgast hat Anspruch auf eine Rechnung, die der Fahrer vom fest installierten Taxameter ausdrucken lassen muss. Für eine Strecke von 0 bis 8 km werden 250 CZK verrechnet.

Boot

Von Mitte April bis Ende Oktober lässt sich Prag auf sehr entspannte Weise vom Wasser aus erkunden. Bootsverleihstellen befinden sich auf der Slawen- bzw. Sophieninsel (Slovanský ostrov bzw. Žofín) gegenüber dem Nationaltheater.

Kultur

Klassische Musik

Klementinum
Mariánské náměstí 5
Tel. +420/221 663 111
www.klementinum.com
Nikolauskirche
(Kostel svatého Mikuláše)
www.svmikulas.cz
www.koncertyvpraze.eu
Rudolfinum (tschechische Philharmonie), Alšovo nábřeží 12
Tel. +420/227 059 227
www.ceskafilharmonie.cz
Obecní dům (Gemeindehaus)
Náměstí Republiky 5
Tel. +420/222 002 101
www.obecnidum.cz

Theater & Oper

Nationaltheater (Národní divadlo), Ostrovní 1, Tel. +420/224 901 448, www.narodni-divadlo.cz
Ständetheater (Stavovské divadlo, heute Tyl-Theater)
Ovocný trh 1, Tel. +420/224 902 638, www.narodni-divadlo.cz
Neues deutsches Theater
(Nové Německé divadlo, heute Staatsoper/Státní opera)
Legerova 75, Tel. +420/
296 117 111, www.opera.cz
Laterna magika/Nová Scéna,
Národní 4, Tel. +420/224 931 482,
www.laterna.cz/de
Die 1958 für die Weltausstellung in Brüssel entwickelte multimediale Theaterform ist nach wie vor extrem beliebt. Fünf Stücke gehören seit den 1970er-Jahren zum Repertoire. Tickets sowie weitere Infos: www.narodni-divadlo.cz

Festivals

Musikfestival „Prager Frühling"
www.festival.cz
Literaturfestival
(Festival spisovatelů Praha)
www.pwf.cz
Theaterfestival deutscher Sprache (Pražský divadelní festival německého jazyka)
www.theater.cz
AghaRTA Prague Jazz Festival
www.agharta.cz

Karten und Informationen zu allen Kulturveranstaltungen auch unter www.bohemiticket.cz

Film

Programmkinos, die Filme auch in Originalsprache zeigen, sind: **Kino Světozor** (Vodičkova 41, www.kinosvetozor.cz/en) und **Palác Lucerna** (Vodičkova 36, www.lucerna.cz/kino).
Die **Barrandov-Filmstudios** bieten geführte Touren an. Anmeldung unter prohlidky@barrandov.cz, www.barrandov.cz

Museen

Agneskloster (Klášter sv. Anežky České), www.ngprague.cz
Alfons-Mucha-Museum
www.mucha.cz
Burg, www.hrad.cz
DOX (Centre for Contemporary Art), www.doxprague.cz
Jüdisches Museum/Alter jüdischer Friedhof
www.jewishmuseum.cz
Kafka-Museum
www.kafkamuseum.cz
Kommunismusmuseum
www.muzeumkomunismu.cz
Museum der dekorativen Kunst
(Uměleckoprůmyslové museum v Praze), www.upm.cz
Museum Kampa
www.museumkampa.com
Nationalmuseum, www.nm.cz
Prager Literaturhaus
www.prager-literaturhaus.cz

Galerien

Akademie für Kunst, Architektur und Design (Vysoká škola umělecko-průmyslová/VŠUP) www.vsup.cz
Galerie Jaroslav Fragner www.gjf.cz
Galerie Langhans www.langhansgalerie.cz
Galerie Zdeněk Sklenář www.zdeneksklenar.com
Haus zum goldenen Ring (Dům U Zlatého prstenu), www.citygalleryprague.cz
Haus zur schwarzen Madonna (Dům u Černé Matky Boží) www.ngprague.cz
Haus zur steinernen Glocke (Dům U Kamenného zvonu), www.citygalleryprague.cz
NoD (NoD, Experimentální prostor Roxy), http://nod.roxy.cz
Rudolfinum www.galerierudolfinum.cz
Städtische Galerie im Alten Rathaus www.citygalleryprague.cz

Außerhalb der Routen:
Artbanka Museum of Young Art www.amoya.cz
Futura Centre http://futuraprojekt.cz
Karlin Studios www.karlinstudios.cz
Leica Gallery Prague www.lgp.cz
Meet Factory www.meetfactory.cz
Tranzitdisplay www.tranzitdisplay.cz

Architekturtipps (außerhalb der Routen)

Emmauskloster (Klášter na Slovanech – Emauzy), Vyšehradská (Prag Neustadt)
Kirche des Allerheiligsten Herzen des Herrn (Kostel nejsvětějšího srdce Páně), Jože Plečnik 1932, Jiřího z Poděbrad nám. (Stadtteil Vinohrady)
Na Babě, Werkbundsiedlung Prag/Výstavní kolonie na Babě (Stadtteil Dejvice)
Sankt-Wenzels-Kirche, Josef Gočár 1933, Vršovické náměstí 6 (Stadtteil Vršovice)
Technische Nationalbibliothek, Projektil Architekten 2009, Technická 6 (Stadtteil Dejvice), www.cvut.cz
Villa Müller (Müllerova vila), Adolf Loos 1930, Nad Hradním Vodojemem 14, Tel. +420/224 312 012, www.mullerovavila.cz

Friedhöfe

Geöffnet: Sommer 8–19 Uhr, Winter 8–17 Uhr.

Neuer jüdischer Friedhof (Židovské hřbitovy), Izraelská 1, Prag 3/Žižkov, Metrostation Želivského.
Kafkas Grab befindet sich rechts vom Eingang, etwa 200 Meter vom Pförtnerhaus entfernt.
Olšany-Friedhof (Olšanské hřbitovy), Vinohradská 153, Prag 3, Metrostation Flora
Gräber von Künstlern und Kulturschaffenden (Jan Palach).
Vyšehrad-Friedhof (Vyšehradský hřbitov), Vyšehradské sady, K Rotundě 1, Prag 2
Viele Ehrengräber u.a. das von Jan Neruda, Antonín Dvořák etc.

Märkte

Havelske tržiště (Innenstadt): permanenter Markt für Obst, Gemüse und Souvenirs. Tägl. 7–19 Uhr.
Flohmarkt: am Flussufer bei Palackého náměstí (Metrostation Karlovo náměstí, dann Straßenbahn 3, 7, 16, 17 oder 21 bis Výtoň oder Palackého náměstí). Ab Mai

am 1. und 3. Samstag jedes Monats 9–15 Uhr.
Weihnachtsmarkt: 1. Dez. bis 6. Jän. am Havelske tržiště. Altstädter Ring und Wenzelsplatz.
Ostermarkt: Altstädter Ring und Wenzelsplatz.

Restaurants & Nightlife

Die Wirtshäuser, Restaurants, Cafés und Clubs, die in den einzelnen Kapiteln dieses Buches erwähnt werden, stellen zugleich auch Empfehlungen dar und sind im Register auf S. 134 angeführt.

Gay Prague

Der Gay Quarter von Prag liegt in Vinohrady (dt. „königliche Weinberge", Metrostation Náměstí Míru). Zur Auswahl stehen an die 10 Lokale, von der kleinen Bar (www.praguesaints.cz) über die Party-Location (www.club-termix .cz) bis zum Club auf drei Etagen (www.onclub.cz). Weitere Infos: www.prague.gayguide.net

Hotels

(getestet und für gut befunden)

Luxushotels

Four Seasons, Veleslavínova 2a
Tel. +420/221 427 000, www.1 .fourseasons.com/de/prague
Kempinski, Hybernská 12,
Tel. +420/226 226 111
www.kempinski-prague.com

Historische Hotels

Grand Hotel Bohemia, Králodvorská 4, Tel. +420/234 608 111
www.grandhotelbohemia.cz
Hotel Central (K+K Hotel Central), Hybernská 10,
Tel. +420/225 022 000,
www.kkhotels.com
Hotel Europa
Václavské nám. 25
Tel. +420/224 215 387
www.evropahotel.cz
Hotel Palace, Panská 12
Tel. 224 093 111
www.palacehotel.cz
Hotel Paříž, U Obecního domu 1
Tel. +420/222 195 195
www.hotel-paris.cz
Imperial, Na Poříčí 15
Tel. +420/246 011 600
www.hotel-imperial.cz
U Prince, Staroměstské náměstí 29, Tel. +420/737 261 842
www.hoteluprince.com
Unitas, Bartolomějská 9
Tel. +420/224 230 533
www.unitas.cz

Designhotels

Boutique-Hotel „Icon"
(Icon Hotel & Lounge), V jámě 6
Tel. +420/221 634 100
www.iconhotel.eu
Design Hotel Sax, Jánský Vršek 3, Tel. +420/257 531 268
www.hotelsax.cz
Hotel Josef, Rybná 20
Tel. +420/221 700 111
www.hoteljosef.com
Hotel Maximilian, Haštalská 14,
Tel. +420/225 303 111
www.maximilianhotel.com
Hotel Metropol, Národní 33
Tel. +420/246 022 100
www.metropolhotel.cz

Bed & Breakfast

Pension Dientzenhofer, Nosticova 2, Tel. +420/257 311 319,
www.dientzenhofer.cz

Hostels

Chili, Pštrossova 7
Tel. +420/603 119 113
www.chili.dj
Fusion Hotel Prague, Panská 9
Tel. +420/226 222 800,
www.fusionhotels.com
Traveller's Hostel, Dlouhá 33
Tel. +420/224 826 662,
224 826 663, www.travellers.cz

Stichwortregister

Cafés, Restaurants, Bars, Clubs:

Register A–Z

A

B